MARTIN
BURCKHARDT

DIGITALE
RENAISSANCE

DAS BUCH

Spätestens seit NSA und der Euro-Krise wissen wir: Unsere Gesellschaft funktioniert nicht mehr nach den alten Regeln. Martin Burckhardt, einer der profiliertesten Vordenker unserer Zeit, macht tabula rasa. Sein »Manifest für eine neue Welt« legt Thesen für eine Neuordnung unserer Gesellschaft vor.

Wir befinden uns inmitten einer Zeitenwende: So wie in der Renaissance alte Werte, Glaubenssätze und gesellschaftliche Zusammenhänge zerstört und erneuert wurden, so verändert die digitale Welt unsere Gesellschaft. Nur die Regeln unseres Zusammenlebens sind noch die alten – und sie funktionieren nicht mehr.

Was ist Bildung, wenn das Weltwissen überall im Netz zugänglich ist? Wie werden wir arbeiten? Wie funktioniert die Wirtschaft, wenn Produkte bald von jedem beliebig zu vervielfältigen sind? Was ist angesichts dieses Überflusses ein Wert? Was wird mein Wert sein? Sicher ist nur: Nichts wird bleiben, wie es ist.

Martin Burckhardt erklärt den gesellschaftlichen Umbruch und legt Vorschläge für Politik, Wirtschaft, Bildung, den Finanzmarkt und die Arbeitswelt vor.

DER AUTOR

Martin Burckhardt, geboren 1957, »elektrischer Autor«, Medien und Kulturtheoretiker. Er lehrt an der Hochschule der Künste, der Humboldt-Universität Berlin und an der FU Berlin. Er ist Geschäftsführer von »Ludic Philosophy«, ein Entwickler von Onlinekonzepten, -spielen (»TwinKomplex«) und -Anwendungen in Berlin.

Burckhardt veröffentlichte unter anderem die Bücher »Metamorphosen von Raum und Zeit: Eine Geschichte der Wahrnehmung« (Campus), »Vom Geist der Maschine. Eine Geschichte kultureller Umbrüche« (Campus) und zuletzt »Eine kleine Geschichte der großen Gedanken« (Dumont).

MARTIN BURCKHARDT

DIGITALE RENAISSANCE

Manifest für eine neue Welt

MET ROL IT

VORBEMERKUNG

Liebe Leserinnen und Leser,

mit dem Erwerb des E-Books erhalten Sie Zugriff auf eine browserbasierte Social-Reading-Plattform und ein »enhanced E-Book« mit zahlreichen Weblinks zu Audio- und Videofiles, die den Buchinhalt ergänzen und illustrieren. Auf dieser können Sie auch den Text kommentieren und sich mit anderen Mitlesern austauschen.

Registrierung unter: http://digitale-renaissance/#2505

Viel Spaß.

Martin Burckhardt

INHALT

KAPITELÜBERSICHT

DIE NEUE WELT

Unsere alte Welt neigt sich dem Ende zu. Unsicherheit, Ortlosigkeit, ein schrump-
fender Horizont. Liegt es an dem radikalen technischen Wandel, mit dem uns die
Internetwelt konfrontiert? Sicher ist: Die Technik hat uns verwandelt. Merkwürdig nur, dass wir die Zukunft in der Vergangenheit suchen.

DIE NEUE GESELLSCHAFT

Obwohl wir das Neue begrüßen, klammern wir uns an das Alte. Dabei ist dieses
»Heimweh«, dieses Trägheitsmoment, eher ein Phantomschmerz. Hinterrücks hat
sich ein neues System etabliert, das wir wie selbstverständlich nutzen, dem wir
aber keinen Tribut zollen wollen. Wer oder was aber hindert uns daran, uns dem
Neuen ohne Vorbehalt zu verschreiben?

DIGITALE RENAISSANCE

Als sich die Neuzeit vom Mittelalter gelöst hat, vollzog sich dies nicht friedlich,
sondern gewalttätig. Mit der historischen Renaissance hat sich die Kultur der
Ordnung der Repräsentation unterworfen und damit jene Gedankenzwangsjacke
übergestreift, die noch immer unser Denken begrenzt. Das Internet jedoch hat
uns in eine neue Matrix katapultiert. Anders als oft vermutet, ist diese Ordnung
bereits im Jahr 1746 von elektrisierten Mönchen in die Welt gesetzt worden und
fand im 19. Jahrhundert mit einem Priester ihre mathematische Vollendung.

POLITIK

Die digitalen Zeichen überwinden Ländergrenzen, unsere Gesellschaftsmodelle
aber bleiben der nationalstaatlichen Ordnung verhaftet. Ist es denkbar, dass der
Staat nur mehr eine gespenstische Institution darstellt, die sich bestenfalls in

einer Nationalmannschaft manifestiert? Schon im 20. Jahrhundert hat der Staat, um sich selbst zu behaupten, all jene transnationalen Gebilde in die Welt gesetzt (Atombombe, Internet, IWF), die seine Auflösung beschleunigen.

GELD

Das Geld ist die Droge, durch die die Vergangenheit künstlich am Leben gehalten wird. War es früher durch Gold gedeckt, so ist es heute ein unkontrolliert wucherndes Zeichen: reine Scheinproduktion. Das führt nicht nur zur Bankenkrise, sondern zu einer Glaubenskrise des Kapitalismus. Begriffe wie Markt und Globalisierung haben ihren metaphysischen Zauber verloren, sie können nicht länger kaschieren, dass das Kapital die versammelte Kopflosigkeit ist.

ARBEIT

Es ist absehbar: Der Computer wird uns von nahezu allen Tätigkeiten entlasten. Was immer sich in den Arbeitsspeicher einladen lässt, landet im Museum der Arbeit. Wo wir nichts mehr selbst herstellen, müssen wir eingestehen, dass wir vor allem uns selbst produzieren. Die Arbeit am Profil wird zum Kern unseres Handelns. In der sozialen Plastik entsteht Mehrwert nur durch die Kultivierung des Überflusses.

ÖKONOMIE

Aufmerksamkeit, der »Score« unseres Gesellschaftsspiels, wird zur neuen Währung. Achtung und Verachtung, Lust und Hass machen uns zu lebenden Münzen. In der digitalen Welt haben wir es mit den Phantomen von Objekten zu tun, deren analoge Dinglichkeit digital vernichtet worden ist. Nun müssen wir herausfinden, wie man sie bestmöglich in Szene setzt: Simulation als Lebensform.

ICH

Was geschieht in einer digitalen und verflüssigten Welt mit dem Ich, dieser geliebtesten aller Gewissheiten? Verwandeln wir uns, wo immer wir in Erscheinung treten, nicht in Schrift? Und ist dies nicht eine unbändige Lust? Mit unseren Devices fahren wir unablässig aus der eigenen Haut, streifen alte Identitäten ab und nehmen wechselnde Rollen ein. Die neue Identität wird zum Alter Ego.

KUNST

Die Repräsentation frisst ihre Kinder. Die digitale Gesellschaft wird keine Künstler mehr brauchen, nur noch die Kunst, kein Publikum, nur noch Nutzer. Sie macht sich das Genie des Kollektiven zunutze und wird dadurch Gesellschaftsprogramm. Auch darin wird die Kunst der Programmierung bestehen.

MORAL

In der Renaissance sind die christlichen Tugenden (die *virtutes*) zur schieren Virtuosität umgemünzt worden. Heute müssen wir die Moral in die Virtualität übersetzen. Absolute Wahrheiten sind passé. Für den künftigen Weltbürger ist die Fähigkeit zur Selbstironie das Maß der Zivilisiertheit, die Ferne ein Modus der Nähe.

BILDUNG

Wahre Bildung ereignet sich nur im Miteinander, im Unfertigen, im Erproben und Verwerfen. Andererseits lässt sich einmal Gedachtes speichern und muss nicht permanent wiederholt und auswendig gelernt werden. Damit Lernen zur spielerischen Welterkundung werden kann, muss sich die Universität in ein lebendiges Archiv verwandeln.

AM ENDE DES BUCHES

Wer Kontrolle sucht, lebt das Leben der Anderen. In Flexibilität, Mobilität, Produktivität sind Computer nicht zu überbieten. Wer mit Maschinen konkurriert, wird immer den Kürzeren ziehen. Der wahre Luxus liegt darin, den Überfluss, den fließenden Sinn, Kommunikation und Spiel zu kultivieren. Nur im Nicht-Verwertbaren werden wir unsere Menschlichkeit erhalten.

KRIEGSERKLÄRUNG

Die Zukunft hat längst begonnen. Um in ihr heimisch zu werden und ihr Potenzial auszuschöpfen, müssen wir der Vergangenheit den Krieg erklären – damit er nicht stattfindet. Denn wer sich nicht in Gefahr begibt, kommt in ihr um.

DAS DIGITALE MANIFEST

DIE NEUE WELT

Das Haus ist für amerikanische Verhältnisse alt, ein viktorianischer Bau in romanischer Verkleidung. Einst hat es ein französischer Kaufmann seiner Tochter zur Hochzeit geschenkt. Nachdem das junge Paar vergeblich versucht hatte, das viel zu große Gebäude mit Leben zu füllen, wandelte man es zu einem Ort des Wedding-Business um. Zu Zeiten der Prohibition diente es als *Speakeasy*, als Alkoholausschank und als Spielhölle. Diese Logik der geschäftsmäßigen Enthemmung ist den Räumen erhalten geblieben. Jetzt gehört das Haus einem ehemaligen Footballstar, der sich mit nachlassender Partylaune entschieden hat, es wieder an Hochzeitsgäste zu vermieten. An diesem Wochentag bin ich der einzige Gast. Der Manager ist damit beschäftigt, die Flecken der letzten Feier zu entfernen. Ein schreckliches Geschäft, sagt er, schrecklich! Und abgrundtief komisch! Was soll man auch sagen, wenn die Braut am nächsten Tag in die Küche torkelt und wissen möchte, mit wem sie am Vortag geschlafen hat. Der Kellner, der zugleich auch der Koch ist und mir einen Kaffee auf die Terrasse bringt, hat noch nie von Edward Snowden gehört. Ohnehin ist er davon überzeugt, dass die Regierung die Bürger desinformiere. Er überlegt sich, Amerika zu verlassen und nach Malaysia zu gehen. Oder nach Europa vielleicht. Auf jeden Fall bereitet er sich mit einem Online-Kurs für Business-Administration auf den Tag X vor. Als der Laptop sich ausschaltet und für einen kurzen Moment Stille herrscht, spüre ich, wie anstrengend es war, meinen Körper an diesen Teil der Welt zu verfrachten. An den Grenzbeamten vorbei, durch den Ganzkörperscanner, vorbei an Fragen wie diesen: *Haben Sie vor, in den Vereinigten Staaten terro-ristischen Aktivitäten nachzugehen?* Später gehe ich über einen Friedhof, der aussieht wie ein Drive-in oder eine Stummfilmkulisse: mit riesen-haften Obelisken und einem makellos weißen ägyptischen Tempel, der von zwei prallbrüstigen Sphingen bewacht wird, die die absurde Asso-ziation eines schönheitschirurgischen Modellbusens hervorrufen. Beim Lesen der Namen auf den Grabsteinen sehe ich, dass sie nicht bloß für die Toten, sondern auch für die Lebenden angelegt sind. Da steht ein Name, ein Geburtsjahr – und ein offenes Todesdatum. Warum? Weil der Kauf von mehreren Gräbern einen Rabatt mit sich bringt? *Buy one, get two?* Vor einem dieser Gräber stehend, verwandelt sich die Müdigkeit zu der Ge-wissheit, dass die besten Tage der alten Neuen Welt Vergangenheit sind, dass es gilt, eine neue Neue Welt zu betreten.

ZEITRISS

Wenn ich auf meine Lebenszeit zurückschaue, ein halbes Jahrhundert, sehe ich eine zunehmende Aushöhlung der Institutionen, des Denkens, der Wörter. Leeregefühl, das in dem Maße sich ausdehnt, in dem der Wohlstand wächst. Das Verschwinden der Arbeit, Produkte, die sich in Luft auflösen, frei flottierende Existenzen, die sich wie Astronauten in irgendwelche Versorgungsschläuche verstrickt haben. Ich sehe durch-trainierte, braungebrannte Senioren, die sich als die letzten ihrer Art vor-stellen, Künstler, die verbissen wie Buchhalter den eigenen Vorteil ver-folgen, wohlgenährte Revoluzzer, die im Dreiteiler zu Staatsgläubigen mutieren. Ich sehe Gespensterdiskurse, die sich von selbst erledigen, Bü-cher, die nicht mehr gelesen, Gedanken, die nicht mehr zu Ende gedacht werden. Eine wachsende Zukunftsverzagtheit, die in umso hektischere soziale Geschäftigkeit mündet. Ich sehe Kinder, die ihren Eltern die Welt erklären. Ich sehe eine Gesellschaft, in der niemand mehr Täter ist, aber

jeder Opfer sein will. Ich sehe fern. Ich sehe, dass es kein Sendeschluss-
bild mehr gibt. Ich sehe die immer gleichen Menschen, die einander mit
den immer gleichen Parolen ins Wort fallen. Ich sehe Wegelagerer, die
im Dschungel der Paragrafen ihre Opfer ausspähen. Ich sehe, dass neben dem Gebrauchswert noch ein Missbrauchswert existiert. Ich sehe die
Rückkehr der Armut, ich sehe die besorgten Gesichter der Eltern, die auf
den viel zu kleinen Stühlen ihrer Kinder selbst zu Schulkindern werden.
Ich sehe, dass die Dinge, die unser politisches Leben bestimmen, von einem sonderbaren Schweigen umhüllt sind. Ich sehe, dass Wörter sich an
die Stelle von Handlungen setzen. Ich sehe Staaten, die das Papier nicht
mehr wert sind, auf dem ihre Landkarten gedruckt sind. Ich sehe, dass
Bürgerkriege, Glaubenskriege, Währungskriege zurückgekehrt sind. Folter, Sklaverei, inquisitorischen Eifer. Ich sehe, was ich als junger Autor für
ausgeschlossen gehalten hätte: dass unser Denken ins Mittelalter zurückgekehrt ist.

Andererseits sehe ich: eine unendliche Freiheit. Eine Welt, die erwacht,
die sich aus ihrer Engherzigkeit löst und aus ihrem Stumpfsinn heraustritt. Ich sehe, wie Traditionen mühelos abgestreift werden, gleich dem
Kostüm, aus dem der Schauspieler steigt. Kleidungsstücke in einem offenen Koffer, Abschiede, die in Wahrheit Anfänge sind. Ich sehe, dass den
versteinerten Wörtern wieder eine Seele zufliegt: Sie werden leicht und
verletzlich, wie ein Vogel, den man in der Hand hält. Ich sehe Bibliotheken, die sich aus ihren Grundfesten lösen und zu schweben beginnen. Ich
sehe die Rückkehr des Sinns und der Sinne, und wie das Blut, das sich
im Kopf gestaut hat, nun wieder in den Körper zurückströmt. Ein Luft-
zug, der die Papiere im Zimmer aufwirbelt. Ich sehe, wie das Denken in
Bewegung gerät, wie es beim Blick aus dem Fenster sich in der Wolke
verliert und die Bewegung eines Vogelschwarms in sich aufnimmt. Ich
sehe, wie die Wiederholung des Augenblicks mit jedem Mal eine andere
Tönung hervortreten lässt. Wie etwas sich formt, auflöst und wieder ver-
dichtet. Ich sehe die Zeilen, die sich in Lichtgeschwindigkeit ausbreiten,

ich sehe den Flügelschlag des Schmetterlings am anderen Ende der Welt. Ich sehe eine Neue Welt, wie ich sie mir als junger Mann immer erträumt habe.

Ein Buch, das einen solchen Riss in sich trägt, kann nicht temperiert, es kann nur radikal sein. Dabei ist die Radikalität weder Ausdruck politischer Militanz noch jene Salon-Provokation, die mit theatralischer Geste vor allem Applaus sucht. Die Radikalität liegt in der Eigenheit des digitalen Zeitalters selbst, das in dem Maße, in dem es sich mobilisiert und globalisiert hat, Traditionen entwurzelt und zu freien Radikalen verwandelt hat. Insofern geht es nicht um eine persönliche Haltung oder um eine Frage des Stils, sondern um etwas, das uns alle angeht. Und nicht bloß hier, sondern weltweit. Denn *dass* eine globale Erschütterung stattgefunden hat, ist während der Finanzkrise von 2008 deutlich geworden. Plötzlich war da eine Welt mit ihrer Weisheit am Ende, mit Lichtgeschwindigkeit griff jene Epidemie der Zeichen um sich, welche die Akteure von einem Tsunami reden ließ. Aber warum ein Tsunami? Wäre es in Anbetracht der Tatsache, dass es sich bei alledem um Menschenwerk handelt, nicht angemessener, statt von einer Naturkatastrophe von einer *Kultur*katastrophe zu sprechen? Und haben wir nicht den Zusammenbruch eines Weltbildes erlebt, in dem binnen Tagen, ja Stunden, alles auf den Kopf gestellt wurde, was unter Ökonomen als Weisheit letzter Schluss galt? Mögen wir uns einreden, dass es bei alledem um Finanzfragen geht, um längst eingehegte Exzesse, das Fehlverhalten Einzelner zudem, so wissen wir insgeheim, dass wir uns damit in einer Illusion wiegen. Denn die Krise hält an und macht in immer neuen Erscheinungsformen von sich reden.

Auf die Immobilien folgten Düngemittel, dann Lebensmittel, darauf das Gold, der Schweizer Franken und dann wiederum Häuser – und mit jeder weiteren Blase stiegen die Schulden, in einem Maße, dass nun nicht mehr Banken, sondern ganze Volkswirtschaften wie Ramschartikel verhökert werden. Nicht nur, dass die vermeintlichen Sanierungsarbeiten unseren Blick auf die Zukunft verstellen, darüber hinaus nötigen sie uns dazu, die Schulden der Vergangenheit abzuarbeiten. Wie bei einem havarierten Reaktor, der eine strahlende Zukunft verheißt, ist man nur mehr damit beschäftigt, die Folgeschäden zu begrenzen – aber entkräftet und außerstande, einen offenen Blick in eine offene Zukunft zu werfen. Dabei stellt die anhaltende Krise nur die äußere Erscheinungsform, die Kulisse eines anderen Dramas dar, dessen Bedeutung und Ausmaß uns entgeht. Denn was, wenn die Krise nicht vorüber wäre, sondern uns erst noch bevorstünde? Was, wenn die einstigen Brandstifter sich nur deswegen als Feuerwehrleute gerieren, weil sie eine weit größere Katastrophe einzuhegen versuchen? Was also, wenn unsere Krisenpolitik die Krankheit wäre, für deren Therapie sie sich hält?

Man muss nur eine simple Frage stellen, um die Tiefe unseres Dilemmas auszuloten. Wohin wird sich, ja, soll sich unsere Gesellschaft bewegen? Was kann man seinem Kind als Gewissheit mit auf den Weg geben? Stellt man diese Fragen in den Raum, so erntet man betretenes, ja geradezu lärmendes Schweigen. Denn die meisten Menschen sind vor allem mit dem eigenen Fortkommen beschäftigt. Es ist ein Fortkommen auf unsicherem Grund, weiß man doch, wie leicht man den Boden unter den Füßen verlieren kann. Folglich klammert man sich an alles, was Halt und Heil verspricht, richtet sich ein im politischen Biedermeier und hofft, dass sich der Status quo verlängern lässt, dass das Leben nicht lebensgefährlich, sondern versichert sein kann. Das mag verständlich sein. Beunruhigender ist, dass die hauptberuflichen Krisenbewältiger auf ein begrenztes Zeitfenster verweisen und zu bedenken geben, man könne schon froh sein, wenn man, auf Sicht fahrend, die nächsten Monate über die Runden komme. Und die Intellektuellen? Sie schweigen oder üben sich in jener Gratis-Empörung, die zu keinerlei Handlung verpflichtet, müssten sie andernfalls doch eingestehen, dass sie schon seit langem keinen nennenswerten Beitrag zur Entzifferung der Welt geleistet haben.

Nein, wenn diese Krise anhält – und das ist die These, die mit diesem Manifest verbunden ist –, so deswegen, weil wir es mit einer historischen Bruchlinie zu tun haben, an der sich unsere digitale Kultur von der Welt scheiden wird, wie wir sie kennen, auf die gleiche Weise, wie sich die Neuzeit einst vom Mittelalter gelöst hat, ein Riss, den man gewöhnlich in der sogenannten »Renaissance« verortet.

IM PARADIES DER MASCHINEN

Gehörte ich jener techno-evangelikalen Fraktion an, die in der San Francisco Bay Area beheimatet ist, so würde ich die heraufdämmernde Digitale Renaissance in den wunderbarsten Farben malen. Dabei würde das Bild einer posthistorischen Gesellschaft entstehen, die von immer leistungsfähigeren Maschinen angetrieben in einen geschichtlichen Ausnahmezustand eintritt. Hier, endlich, verwandelt sich das Land der unbegrenzten Möglichkeiten zu einer Traumlandschaft, in der die Gedanken nicht mehr durch äußere Widrigkeiten, sondern allein durch die Endlichkeit unserer Wünsche begrenzt werden. Der Mensch hört auf, Naturwesen zu sein; stattdessen nimmt er sein Schicksal in die eigenen Hände oder delegiert es, wo immer es wünschenswert erscheint, an eine Roboterschar. Nicht nur, dass man vom Joch der Arbeit erlöst wird, letztlich lassen sich auch die anderen Geißeln der Menschheit besiegen: Krankheit, Alter und Tod. In unserem Blut wimmelt es nicht nur von roten und weißen Blutkörperchen, sondern auch von intelligenten Nanozellen, die unseren Kreislauf beobachten und im Krankheitsfall intervenieren. Steigt mein Cholesterinwert, werde ich angehalten, etwas weniger Fett zu mir zu nehmen; ist mein Blutdruck zu hoch, schlägt mir das System ein kleines Fitnessprogramm vor. Steht ein neues BIOS bereit (also jenes Verwaltungssystem, das die Maschine in Kenntnis setzt, welche Peripheriegeräte angeschlossen sind), nehmen diese künstlichen Zellen – die wiederum mit dem Netz interagieren – ein Update vor. Mein Körper wäre dann kein Schicksal mehr, sondern ein Container, der die Weltintelligenz in sich aufzunehmen vermag. Überhaupt wäre die Vorstellung körperlicher Unversehrtheit ein Rückstand überkommener Denkweisen – denn man würde den Körper als grundsätzlich veränderbar, als modularisierten Baukasten auffassen. Da die Gen-Prothetik die Züchtung ganzer Körperteile erlaubt, muss uns vor dem Verlust eines Gliedes nicht grauen. Jeder Körperteil kann ersetzt werden. Verheißungsvoller als derlei Reparaturmaßnahmen freilich sind die übermenschlichen Kräfte, die mir dabei zuwachsen. Ist mir danach, kann ich mich prothetisch zu einem Hochgeschwindigkeitsathleten verwandeln, mir künstliche Gliedmaßen verpassen oder meinen Augen einen Katzen-Look verleihen. Unsere Körper werden zu Plastiken, die wir nach Belieben oder Mode frei gestalten können. Wie wir oder unsere Kinder aussehen, ist eine Frage des Designs. Unser Gehirn erreicht mit Implantaten bestückt eine gigantische Speicherkapazität. Computer, wie wir sie kennen, werden verschwinden. Stattdessen werden sie überall und allgegenwärtig sein: in unserer Kleidung, den Dingen des Alltags, der Luft. Die Daten, die uns wichtig sind, werden uns folgen wie jetzt unsere Schatten. Da die Menschheit biologisch wie intellektuell über sich hinauswächst, ist man genötigt, die Grenze des menschlichen Siedlungsraums in den Weltraum zu verschieben. Nein, der Gedanke der Nötigung ist übertrieben, denn die Erweiterung wäre Programm. Getrieben von unbändiger Entdeckerlust würde man, wie einst Christopher Columbus, den Aufbruch ins Ungewisse wagen, man würde Raumstationen anlegen, ferne Planeten besiedeln, andere wiederum als Kraftwerke in den Dienst nehmen. Die neue »Neue Welt« wäre nicht mehr auf der Erde, sie wäre im Weltraum zu Hause.

Ein solches Märchen ist nicht neu, sondern hat die Kindheitsträume eines halben Jahrhunderts beschäftigt. Superman, das Star-Trek-Epos, die Welt der Sternenkriege. Allerdings sind viele dieser Fantasien nicht mit großem Aplomb, sondern, der Macht der Gewohnheit folgend, auf eher

unspektakuläre Weise in unsere Wirklichkeit eingewandert. Ray Kurzweil, der vielleicht einflussreichste Evangelist dieser Bewegung, die sich
selbst als »transhumanistisch« bezeichnet, hat als entscheidende Antriebs-
quelle das exponentielle Wachstum der Computerleistung genannt, den
Umstand, dass die Leistung unserer Prozessoren – dem Mooreschen Gesetz folgend – sich alle 18 Monate verdoppelt. Klingt das vergleichswei-
se harmlos, so bedeutet es doch, dass man in vier Dekaden (der Hälfte
des Lebens) eine Milliarden-Beschleunigung durchläuft. Waren die Fort-
schritte zu Anfang noch überschaubar, steht uns in wenigen Jahren, dem
exponentiellen Wachstum gemäß, der Augenblick ins Haus, da die Re-
chenleistung eines Prozessors die Kapazität eines menschlichen Gehirns
übertrifft. Eine solche Entwicklung – und hier trifft Kurzweils Beobachtung durchaus einen wichtigen Punkt – widerspricht unserer Intuition.
Denn unserer unmittelbaren Anschauung folgend denken wir uns Fort-
schritt stets als lineare Beschleunigung. Demgemäß haben wir graduel-
le Veränderungen vor Augen, wo wir tatsächlich mit einer Serie von Er-
schütterungen rechnen müssten. So hat sich die Geschwindigkeit unserer
Automobile in den letzten 50 Jahren nur unwesentlich erhöht, die unserer
Computer jedoch um einen Faktor von fünf Milliarden beschleunigt. Um
diesen Aspekt zu verdeutlichen, projizieren die Apologeten des digitalen
Zeitalters jene Kurve an die Wand, die den Fortgang des Menschheits-
geschlechts abbildet. Sieht man hier, wie sich der Homo sapiens Schritt für
Schritt, Stufe für Stufe emporarbeitet, verwandelt sich die Produktivitäts-
kurve der jüngsten Gegenwart zu einer exponentiell steigenden Flugbahn,
zu einer Rakete, die uns in jenen Ausnahmezustand hinauskatapultiert,
den der Prophet »Singularity« nennt: eine zeitliche Schwerelosigkeit, in
der uns das Unfassbare, Unerhörte, Nie-Dagewesene erwartet.

KALTER KAFFEE

Warum aber kommt uns diese Erzählung so abgestanden märchenhaft vor? Das liegt wohl weniger an den übersteigerten Erwartungen hinsichtlich der Technik, als vielmehr daran, dass die Erzählung uralte Muster wiederholt und sich auf eine merkwürdige Weise unempfindlich zeigt für den psychischen und politischen Wandel, der mit der Nutzung der Technik einhergeht. Man hat es demzufolge eher mit einem Mythos als mit einer Beschreibung unserer Wirklichkeit zu tun. Tatsächlich erschien mir dieses Zukunftsgemälde schon im Jahr 1987, als ich erstmals einem Vertreter dieser Bewegung begegnet bin, wie aus der Welt gefallen. Der Mann, der vielleicht der erste Vertreter der transhumanistischen Zunft war, hatte sich in den Sechzigern, als Guru der psychedelischen Drogen, den Status eines Popstars erworben. Mit dem gleichen Enthusiasmus, mit dem er zuvor die Einnahme bewusstseinserweiternder Drogen gepredigt hatte, verfocht er nun so etwas wie eine digitale Bewusstseinserweiterung – nur dass nicht ganz klar war, ob es sich dabei um eine Ersatzdroge, eine Philosophie oder eine Selbstvermarktungsmaßnahme handelte. In seinen Texten war zu lesen, dass der Weltgeist, einst in Mesopotamien beheimatet, sich immer weiter westwärts bewegt hatte, nach Israel, Griechenland, Rom, Frankreich, nach Amerika, wo er schließlich den langen Marsch gen Westen nahm. Dieser Erzählung folgend war es durchaus logisch, dass ich meinen Mietwagen schließlich nach Hollywood steuerte, ins feine Bel Air, wo mir ein älterer Herr mit klapperndem Gebiss den Zusammenhang von Computerspielen und der Weltraumbesiedelung darlegte. Als ich ihn beim Abschied fragte, ob er bei all diesen Prophezeiungen nicht Angst habe, einer selbstverfertigten Gedankenfalle aufzusitzen, schaute er mich für einen Moment ganz entgeistert an: *What a thoughtful young man!* Später las ich über ihn in der Zeitung, dass er, schwer an Prostatakrebs erkrankt, sich mit dem Drücken der ENTER-Taste eine letzte tödliche Injektion setzen wollte. Oder war es doch die RETURN-Taste? Auf jeden

Fall ging sein letzter Wunsch in Erfüllung, wie es sich für die Stadt der Engel gehört: In Vorwegnahme künftiger Weltraumbesiedlungen wurden sieben Gramm von Timothy Learys Asche (mitsamt der Asche von vierundzwanzig Gleichgesinnten, darunter auch dem Erfinder von Star Trek) in den Weltraum geschossen. Tune in! Turn on! Drop out!

Der Kaffee ist kalt, die Zeitung ausgelesen. Und da sind noch immer die Nachwirkungen des Jetlags, die sich in abgerissenen Gedankenfäden verlieren: Der Frage etwa, ob es so etwas wie einen kulturellen Jetlag geben könnte? Warum mir die Studenten, denen ich die Geschichte der Medien erzählt habe, so unendlich alt vorkommen? Ob Jugendwahn und Frühvergreisung nicht eigentlich Zwillingsgestalten sind, in denen sich das Unbehagen an unserer Gegenwart artikuliert? Ob der Gedanke vom Schlaf der Vernunft, der die Ungeheuer gebiert, nicht umformuliert werden müsste? Ich habe nichts zu tun. Auf meinem Zettel sind die Titel der Kapitel verzeichnet. Jetzt, wo der Kaffee kalt ist, bin ich an jenem Punkt angelangt, da mein Gesprächspartner auftauchen müsste. Ich weiß nicht, wie er aussehen soll – nur dass die einfachste Lösung wäre, den Nächstbesten zu nehmen. Welcher Autor möchte sich schon im Schreiben selbst begegnen? Mit einigem Amüsement habe ich einen Artikel über *Hipster Haters* gelesen – und als ich aufschaue, sehe ich ihn, im Holzfällerhemd, mit Vollbart, ganz absorbiert von dem, was sein *Life Companion* ihm gerade an Neuigkeiten zu bieten hat. Er trägt (seinem Digger-Outfit zum Trotz) ein Paar Zehenschuhe. Warum nicht? Ironie, sagt der Artikel, sei die Lebensform dieser Generation – aber es könne durchaus sein, dass nun die Ernsthaftigkeit zur neuen Ironie werde. Und während ich mir auszumalen versuche, wie sich eine solche Metamorphose abspielen könnte, mustere ich ihn. Er sieht keineswegs unsympathisch aus, wie die Verkörperung jener Rubrik, die sich in unsere Gedankenwelt eingeschlichen hat: *Was wir einmal vermissen werden*. Anstatt sich mit mühsamen Zukunftsfragen zu beschäftigen, wird hier das Verschwinden eines Teppichklopfers oder eines Paternosters zelebriert – mit der paradoxen Folge, dass das im Verschwinden begriffene Objekt sich zur Kostbarkeit, zu einer preziösen Empfindung verwandelt. Das Verschwinden betrifft nun nicht mehr bloß Einweckgläser und Schreibmaschinen, sondern auch unsere Rollenbilder. Im Grunde ist der Hipster der Ironiker, der uns, indem er sich irgendein entlegenes, bizarres Kostüm überstreift, klar macht, dass wir nicht nur die Dinge, sondern bereits uns selbst vermissen. Allerdings ist genau diese Schlussfolgerung tabu. Denn gestünde man ein, dass dieses Kostüm (das irgendeine historische Abgelegenheit zum Leben erweckt) kein Ausdruck ausgeprägten Stilempfindens, insofern auch keine besonders raffinierte Individualisierungsstrategie ist, gäbe es nichts mehr: nur eine große Ratlosigkeit. Denn wenn schon nicht einmal mehr auf ein Kostüm Verlass ist, worauf dann? An wen sich das Buch richten würde, hat mich der Verleger gefragt – und ich habe gesagt, dass es uns alle angeht. Aber jetzt, da ich ihn, den Hipster, vor mir habe, denke ich: Warum nicht?

F: Warum ich? Warum hast du mich ausgesucht?

A: Weiß nicht. Vielleicht weil du zufällig da warst. Oder weil ich über diesen Satz gestolpert bin. Dass Ernsthaftigkeit die neue Ironie sein könnte.

F: Hab schon verstanden. Ich bin der Strohmann, der dir hilft, deine Theorien zu verwursten.

A: Es geht nicht um mich. Es geht darum, dass der Widerspruch Teil der Autorenperspektive selbst ist.

F: Aha. Und was will uns der Autor damit sagen?

A: Dass wir ihn nicht mehr als Solostimme, sondern als chorisches Wesen lesen müssen.

F: Bitte was? Ein chorisches Wesen?!

A: Nennen wir's: eine Vielstimmigkeit. Jemand, der nicht mehr darauf beharrt, mit einer Stimme zu sprechen.

F: Du möchtest hier also gern als multiple Persönlichkeit reüssieren?

A: Nein, es umschreibt lediglich, dass ich nicht mehr vom Individuum, sondern vom *Dividuum* rede – einem teilbaren Wesen, das sich nicht mehr zu einer Einheit zusammenbuchstabieren lässt.

F: Entschuldigung, aber das passt doch gar nicht zusammen. Du redest hier von deiner Lebenszeit, ergehst dich in elegischen Zukunftsbetrachtungen – und jetzt willst du mir klarmachen, dass wir nicht nur auf einen Burckhardt, sondern auf eine Vielzahl von Burckhardts gefasst sein müssen.

A: Ja, so kann man das sehen.

F: Die sich, wie ich mir denken kann, auch noch widersprechen?

A: Genau deshalb unterhalten wir uns. Um den Widerspruch, der dich und mich gleichermaßen beschäftigt, noch stärker herauszupräparieren.

F: Woher weißt du, was mich beschäftigt?

A: Du trägst den Widerspruch ja sozusagen zu Markte.

F: Aha, der Herr wird persönlich.

A: Aber nein, mich amüsiert's bloß. Dass jemand wie du, ein verkleideter Digger mit MacBook, in der Zukunft der Futurologen eigentlich gar nicht vorkommen dürfte.

F: Wie schön! Und trotzdem, ich habe mit dieser Geschichte nicht das Mindeste zu schaffen.

A: Du steckst schon längst drin, ob du's willst oder nicht.

WIE ICH ZUM ALIEN WURDE

Ich muss in seinem Alter gewesen sein, als mich dieser Traum zum ersten Mal heimgesucht hat. Dabei kann ich bis heute nicht sagen, was früher da war: der Traum oder der Film. Da ist nur dieses Geflecht von Traum- und Filmbildern, das ich nicht mehr auseinanderhalten kann – so wenig wie man sich an jenen Augenblick erinnert, da man den Sinn eines Wortes erfasst und der Klang seine Fremdheitshülle abgestreift hat. Gewiss ist nur, dass sich der Film, als Tagtraum, leichter erzählen lässt. In dieser Geschichte, die in einer kalifornischen Kleinstadt in den Fünfzigern spielt, wird ein Arzt, der dort zu Besuch weilt, mit unerklärlichen Krankheitssymptomen konfrontiert. Menschen behaupten, dass ihre Lebensgefährten nicht mehr dieselben seien. Ein paar Tage später freilich ist alles wieder vergessen, begegnet der Arzt einem Paar, das wieder völlig im Reinen ist – nur dass plötzlich alle beide merkwürdig unterkühlt, ja seelisch entkernt wirken. Im Laufe der Geschichte erfährt der Held (und mit ihm der Zuschauer), dass ihn die Wahrnehmung nicht trügt: Die Stadt ist von einer extraterrestrischen Spezies heimgesucht worden, die mithilfe einer Bohnenart in den Kellern der Häuser Doubles heranwachsen lässt, Zwillingswesen, die die Menschen sukzessive ersetzen.

In meinem Traum – oder dem, was mir an Bruchstücken erinnerlich ist, fehlt diese Erklärung. Da gibt es nur dieses Moment äußerster Fremdheit, ein Zurückschrecken vor dem, was sich äußerlich gar nicht verändert hat, aber deswegen umso unheimlicher ist. Die Menschen um mich herum verwandeln sich, sie werden zu Aliens, deren einziger Ehrgeiz darin besteht, auch mich zu einem der ihren zu machen. Im Film gibt es den Augenblick, da sich der Held auf der Flucht mit der Geliebten in einer Höhle verkrochen hat und für eine kurze Weile vom Schlaf übermannt worden ist. Als er aufwacht, sieht er ihr Gesicht, das sich im Weichzeichner dem seinen nähert, die Lippen zum Kuss geöffnet. Komm zu uns, sagt sie, es ist doch gar nicht so schwer.

Seit jener Begegnung mit Timothy Leary, aber auch mit anderen Pionieren der Künstlichen Intelligenz, hat mich diese Mischung aus Traum- und Filmbild begleitet – nur dass sie mir nicht als Bruchstück eines Horrorfilms erschien, sondern eher als nüchterne Zeit-Diagnose. Als ich in der Mitte der Achtziger das erste Mal von der Existenz eines Computervirus hörte, empfand ich diesen Begriff als durchaus treffende Beschreibung der wundersamen Verwandlungen, die sich in meinem Bekanntenkreis ereigneten. Sein Denken werde so einfach, sagte ein Freund – um mir anschließend auseinanderzulegen, dass a) die Geschichte vorüber sei und dass man b) alles als Informationsverarbeitung auffassen könne. Auch wenn die Erläuterungen im Einzelnen variierten, lief es doch immer auf die gleiche Geschichte hinaus: Wenn ich Gott denke, sagte der Philosoph, und wenn sich dieser Gottesgedanke in mein Hirn schreibt, das ich mir einfachheitshalber wie eine Festplatte denke, existiert Gott – und wie zur Bestätigung biss er in seinen Donut hinein.

Waren es zu Anfang nur wenige Menschen, die enthusiastisch von ihrer Verwandlung berichteten, war bald zu sehen, wie das Denken des Computers sich in die Köpfe der Menschen, aber auch in ihre Beziehungen eingrub. Ich erinnere mich an meine Fassungslosigkeit, als auf dem Höhepunkt einer heftigen Auseinandersetzung, die früher zur Verabredung eines Duells geführt hätte, mein Gegenüber plötzlich vorschlug: *Machen wir doch einen Reset!* Nein, es ist keinesfalls so, dass ich die heraufdämmernde Epoche von Beginn an enthusiastisch begrüßt hätte. Eher kam ich mir wie der faszinierte Beobachter einer Epidemie vor, bei der die »Körperfresser« die Stelle ihrer analogen Vorfahren einnahmen und eine neue Religion in die Welt setzten – ein Denken, das sich merkwürdigerweise (als folgten die Betreffenden dem Szenario des Films) stets in Form eines Pfingstwunders vollzog: *Language is a virus form outer space*, wie es William S. Burroughs formuliert hat. Waren es zu Anfang allein die Apologeten der Künstlichen Intelligenz, die von ihrer digitalen Erleuchtung erzählten, versprengte, aber umso enthusiastischere Avantgardisten, so ist das »Computervirus« längst zur Gesellschaftsform geworden – zu einer Alltäglichkeit, die uns umhüllt wie das Wetter oder die Börsenkurse. Ja, man kann sich an die Zeit davor schon kaum mehr erinnern.

Sonderbar ist bloß: So wie der Film im Laufe der Zeit einige Remakes erlebt hat, hat sich auch die Stimmung meines Traums verändert – scheint es mir, als ob ich längst auf die andere Seite hinübergezogen worden bin. Nicht in Form eines Medusenkusses, sondern im Wachzustand, bei vollem Bewusstsein. Anders jedoch als die Propheten des digitalen Zeitalters glaube ich nicht, dass diese Verwandlung durch höhere Mächte bewirkt worden ist, sondern dass sie auf uns selbst zurückgeht, auf eine Geschichte, die vor langer Zeit schon begonnen und untergründig unser Denken verwandelt hat. Man erwacht aus dem Traum, nur um zu begreifen, dass er die Welt ist, in der wir leben. Nein, es ist wirklich nicht schwer, zum Alien zu werden.

DER GROSSE BRUDER

Mit den Erzählungen des Edward Snowden tut sich vor unseren Augen eine Welt auf, die vertraut scheint, aber zugleich unsere Vorstellungskraft zu sprengen droht. Mit einem Mal ist Big Brother, der im Reality-TV sei-

nen Schrecken verloren, ja sich zu einem lustvollen Exhibitionismus verwandelt hat, wieder da – auf eine Weise, die noch die verwegensten Fantasien übersteigt. Deswegen unser Erschrecken und dieser Skandal, der
nicht aufhören will: Der Papst. Die Kanzlerin. Die Herren der Weltbank.
Diejenigen, die einiges zu verbergen haben, und diejenigen, die sich fragen müssen, warum sich Geheimdienste für ihre kleinen Geheimnisse interessieren. Lauter Fragen, auf die es keine Antwort gibt: Was, wenn Big
Data nur ein Auftakt wäre? Was, wenn die Welt der Schattenkrieger sich
noch weiter ausbreitet? Was, wenn die Mittel sich perfektionierten? Was,
wenn unsere Bewegungsprofile und unser Einkaufsverhalten sich zu vali-
den Verhaltensvorhersagen verdichteten? Was, wenn Taten, bevor sie be-
gangen würden, schon verhindert würden? Und wer würde über eine solche präventive Maßnahme letztlich befinden?

Die Reaktionen sind vor allem Gesten der Hilflosigkeit. Mögen sich die
einen über den ungeheuerlichen Vertrauensbruch empören, delektieren
sich andere an der digitalen Bigotterie: wie man das Private exhibitionie-
ren und sich zugleich über den Missbrauch dieser Daten empören könne. Die Realpolitiker schließlich verweisen mit stoischer Coolness darauf,
dass man doch bitte nicht naiv sein möge: Schon immer hätten die Staaten
einander ausgespäht; im Übrigen gelte: Man sei nicht befreundet, sondern
habe Interessen. Und den eigenen Interessen sei am besten damit gedient,
wenn man informationstechnologisch aufrüste. Neue Wörter machen die
Runde: Man redet von einer digitalen Besatzungsmacht, von Datenspen-
dern, einem globalen Wirtschaftskrieg. Oder warum es angebracht sein
könnte, ein »nationales Internet« zu errichten.

Wie groß der Schrecken sein muss, wird sichtbar daran, dass selbst die
Internetapologeten, denen die Freiheit des Netzes stets das Höchste war,
nun nach einer Instanz rufen, die alledem ein Ende setzen möge (wie der
Internetpionier Tim Berners-Lee) – nur dass die Instanz, die das besor-
gen soll, eben jener Staat ist, vor dessen Fürsorge wir uns haben schützen
wollen.

Mag der Skandal himmelschreiend sein – der Himmel ist leer. Oder wenn, so kreisen dort nur jene leeren Satellitenaugen, ohne deren Hilfe wir uns im Dickicht der Städte, im Labyrinth unserer Daten, schon nicht mehr zurechtfinden würden. Allein deswegen wird niemand dem ein Ende bereiten. Denn der Geist ist aus der Flasche getreten. Schon die Umstände, unter denen das Treiben der NSA ans Licht der Öffentlichkeit getreten ist, machen klar, dass die Weltmacht, die sich mit ihrem »War on Terror« angeschickt hatte, eine neue Weltordnung zu stiften, aus der Spur geraten ist. Warum muss ein Geheimdienst, der fast eine Million Menschen beschäftigt, noch eine externe Dienstleistungsgesellschaft beauftragen? Wie hat man glauben können, dass ein Staatsgeheimnis unter solchen Umständen geheim bleiben kann? Was sind das überhaupt für Gebilde, die sich nicht mehr als Diener des Staates begreifen, sondern sich als internationale Agenturen verkaufen, die ihren Kunden kostbare Dienstleistungen anbieten können? Mehr noch als die Unvorsichtigkeit verwundert die soziale Taubheit, die die Überwacher charakterisiert: dass man, begeistert von den Möglichkeiten der Technik, sich jenes allumfassende Unbehagen nicht hat vorstellen können, das mit solchen Praktiken einhergeht. Wie kann man den millionenfachen Gesetzesbruch verteidigen und zugleich reklamieren, der Verräter müsse einem rechtsstaatlichen Prozess zugeführt werden? Wie kann man ans patriotische Gefühl appellieren, sich aber zugleich auf eine postnationale Welt-Unordnung einstellen? Wie von Terrorabwehr reden, aber einen umfänglichen Überwachungsanspruch postulieren: Anywhere. Anytime. Anybody. All dies hat eine skandalisierende und diskreditierende Wirkung, die weit über alles hinausgeht, was man an Informationen hat ausspähen können. Nein, wenn wir uns die Augen reiben, so deswegen, weil uns dieser Skandal mit einer Lesart unserer Welt konfrontiert, auf die wir nicht vorbereitet sind. Wie ein Schlafwandler, der sich auf einem Dachfirst wiederfindet, entdecken wir die Abgründigkeit unserer Alltagsvernunft. Dass es im gespeicherten Leben kein Vergessen, folglich keine Gnade geben wird. Die

Hölle, so haben die Theologen des Mittelalters gelehrt, sei die gleichzeitige Anwesenheit alles je Geschaffenen. Genau das ist es, was uns so fassungslos macht: die Möglichkeit, dass unser Datenparadies eine Datenhölle sein könnte.

DIE NEUE GESELLSCHAFT

Ich stelle mir einen Dämon vor, der alles, was ich in den letzten Monaten in den Computer eingegeben habe, gespeichert hat, mehr noch: der all dies auch zu lesen und einzuordnen versteht. Nichts entgeht seiner Aufmerksamkeit: Weil jede Tastatureingabe und jede Mausbewegung festgehalten wird, lässt sich alles, was ich gemacht habe, reproduzieren: das Öffnen und Schließen eines Programms, wie viel Zeit ich mit »Solitaire« oder dem »Minesweeper« verbracht habe. Jeder Mensch, der mir eine Mail gesandt, jeder flüchtige Kontakt, der sich mir in den sozialen Netzwerken zugesellt hat, ist eine Spur, ein Knoten, der in der Gesamtheit mein soziales Netz ergibt. Das Strafmandat, das bezahlt werden musste, der Brief an den Anwalt, all jene Widrigkeiten, die in der eigenen Wahrnehmung so schnell ausradiert werden – *er* merkt es sich. Mit jedem Suchbegriff, den ich in die Suchmaske eingegeben habe, hat sich meinem Persönlichkeitsbild eine Facette hinzugefügt; jeder Artikel, den ich gelesen, jedes Video, das ich geschaut habe, all dies hat mich zu einem aufgeschlagenen, sogar zerfledderten Buch gemacht – ganz zu schweigen von den verbotenen Gelüsten, denen ich mich im Gefühl des Unbeobachtetseins hingegeben habe. Die Gefahr, dass dieses Bild mich in den Fokus staatlicher Terrorbekämpfung hineinrückt, wird eher gering sein (aber wer weiß das schon?), doch allein die Möglichkeit, dass sich ein solches Bild von uns lösen und ein Eigenleben entfalten könnte, stellt eine Art Schattenraub dar. Das ist das Unheimliche daran: Im Schlaglicht des Augenblicks, der jeden von uns als einen Mitwirkenden im »War on Terror« ausweist, begreifen wir:

Es ist längst passiert. Dieser Fremdkörper, der sich zusammensetzt aus den Absonderungen unserer selbst, aus dem digitalen Gewebe, das wir im Netz hinterlassen haben, hat ein Eigenleben angenommen, das nicht mehr zu kontrollieren ist.

DÄMONEN

Aber ist es überhaupt richtig, hier von einem Fremdkörper zu sprechen? Bildet das Bild, das sich aus all den Daten ergibt, nicht eigentlich unsere wahre Persönlichkeit ab – jenen Wesenskern, in dem sich unser nach außen vorgetragenes Gesellschaftskostüm mit unseren innigsten Perversionen verbindet? Wird irgendein Mensch, und sei es derjenige, dem wir unsere intimsten Geheimnisse anvertrauen, mehr über uns wissen als dieser Dämon? Müssten wir, mit diesem wahren Persönlichkeitskern konfrontiert, nicht eingestehen, dass wir Fälscher sind, Kopisten, Diebe, die sich, ohne mit der Wimper zu zucken, in den Besitz fremden Eigentums bringen? Könnte eine solche Konfrontation auf etwas anderes hinauslaufen als auf die absolute Beschämung? Und was, wenn unser Dämon nicht hilfreich, sondern bösartig wäre, wenn er also nicht davor zurückschreckte, aus dem erlangten Wissen über uns Kapital zu schlagen? Ach, dazu müsste er nicht einmal bösartig sein, nur von jener geschäftsmäßigen Gleichgültigkeit, die der Rationalität immer schon zu eigen gewesen ist. Nehmen wir (um der Gefahr ungebührlicher Dramatisierung zu entgehen) einmal an, dass unser Dämon von beschränkter Intelligenz und unterdurchschnittlicher Bösartigkeit ist – und zum anderen, dass wir die tugendhaftesten Vertreter der menschlichen Spezies sind, die man sich denken kann. Selbst in diesem Falle wäre aus der schieren Fülle der Information etwas Kompromittierendes herauszulesen. »Ach, Sie interessieren sich für Wellensittiche? Wissen Sie, wer sich diese Seiten auch angeschaut hat?« Allein das Vorhandensein eines Gewissens stellt ein Einfallstor dar, das uns kompromittierbar macht. Und um wie viel schärfer wird diese Waffe erst, wenn wir tatsächlich die eine oder andere Schmutzelei zu verbergen haben?

DIE WUNSCHMASCHINE

So erschreckend dies auch sein mag: Dass die Erzählungen des Edward Snowden eine solche Erschütterung ausgelöst haben, hat nur zum Teil mit der Angst vor der politischen Einschüchterung zu tun. Die Ängste, die hier wach werden, greifen tiefer, sie reichen in jene Abgründigkeit, mit der der Romanheld von Kafkas »Prozess« zu tun bekommt: *Jemand musste Josef K. verleumdet haben, denn ohne dass er etwas Böses getan hätte, wurde er eines Morgens verhaftet.* Tatsächlich bedarf es heute nicht einmal mehr der Verleumdung, sowenig wie es der Verhaftung bedarf. Denn das Material, das gegen uns in Stellung gebracht werden kann, existiert. In diesem Sinn hat eine *existenzielle* Verhaftung bereits stattgefunden – umso mehr, als wir unfähig sind, auf all die Vorteile, die unsere Computerwelt mit sich bringt, zu verzichten. Das Erschrecken rührt aus der Einsicht, dass unser Unbewusstes nicht mehr als geheime Kammer gedacht werden kann, die tief in uns verborgen liegt, sondern dass es sich in verschiedene Datenbanken ausgelagert hat. Hier liegt eine der merkwürdigsten Lektionen, mit denen uns die Internetwelt konfrontiert. Unser Unbewusstes ist nicht ein Teil unserer selbst, sondern es liegt dort, wo wir als Persönlichkeits-Profil aufgebahrt sind. In diesem Sinn ließe sich das Internet, genauer: ließen sich die gespeicherten Nutzerprofile als eine Form des kollektiven Unbewussten auffassen. Anders als das Freudsche Unbewusste jedoch, das als Blackbox angelegt ist, die sich nur in Schatten und Symptombildungen artikuliert, sind diese Daten zugänglich und analysierbar. Diese Lesbarkeit aber verändert nicht nur den Status, den wir dem Unbewussten zumessen müssen, sie betrifft auch den Blick auf das, was das Internet selbst darstellt. Tatsächlich bleibt es ja nicht nur bei der Analyse der Nutzerdaten, sondern kommt es wiederum zu Rückwirkungen: Die Nachfrage schafft sich das entsprechende Angebot. Das Netz fungiert als Wunschmaschine, die unsere Wünsche realisiert, auch diejenigen, die vordem nur im Séparée, in dunklen Gassen oder Winkeln befriedigt wurden. Unser Unbewusstes gehört nicht mehr in die Sphäre der dunklen Triebe, sondern schreibt sich dem System, einer allgemeinen Buchhaltung ein. Es nimmt, wie die pornografischen Fantasien in ihren unterschiedlichsten Ausprägungen, Gestalt an.

Wenn das ES sich nicht mehr im Séparée austoben muss, sondern zum Mainstream wird, kann die Schlussfolgerung nur lauten: Lieschen Müller und Otto Normalverbraucher sind polymorph pervers. Nun heißt dies nicht bloß, dass sie, sexuell befreit, keine Repressionen mehr zu fürchten haben, es bedeutet vor allem, dass die Lüste den Takt angeben, dass ES zur Gesellschaftsarchitektur wird. ES herrscht. Und das ICH ist Subjekt, ist dem ES unterworfen. In Anlehnung an die Freudsche Terminologie könnte man von einem Über-Es sprechen. Diese Einschätzung hat auch deswegen Gewicht, weil das Über-Ich ja keineswegs im Obskuren verbleibt, sondern sich in Form von Hits und Likes und der dazu gehörigen Programmarchitektur zu einer Ökonomie ausgewachsen hat – zu einem Monster, das jede noch so verwegene Einbildungskraft übersteigt. Das Regime der Wunschmaschine ist ein historisches Novum – auch deswegen, weil es hier keine benennbare und personale moralische Instanz mehr gibt, kein Über-Ich, das die Grenzen des guten Geschmacks oder des Anstandes vorgibt. Mögen wir uns, schadenfroh, am Leid anderer Menschen delektieren – kein Problem! Sind wir fasziniert vom Grauen, von Körpern in allen Posen, Zerstückelungs- und Verwesungszuständen, bitte! Kein Begehren, es mag noch so randständig und abwegig sein, wird in der Grenzenlosigkeit des Netzes ohne Antwort bleiben. Die Fokussierung auf die moralische Sphäre freilich überblendet die eigentliche Revolution: den Umstand nämlich, dass es in diesem System keinen anderen

Maßstab mehr gibt als die Quote. Die Quote wiederum ist die reine Ökonomie. Allerdings hat diese Ökonomie nur sehr bedingt mit den Lehrbuchweisheiten der Ökonomen zu tun. In Abweichung von der reinen Lehre gibt es hier nicht bloß Güter, die einen spezifischen Gebrauchswert aufweisen, sondern man hat es (siehe das Beispiel der Schadenfreude) vor allem mit Angeboten zu tun, die ihren Mehrwert gerade aus der moralischen oder körperlichen Degradierung und damit aus jenen dunklen Trieben ziehen, die in unserem Alltag weitgehend geächtet und tabuisiert sind. Der Gedanke, dass unsere Triebstruktur, unvermittelt, zur Gesellschaftsstruktur werden kann, hätte Sigmund Freud wohl mit dem nackten Grauen erfüllt, hing er doch der Meinung an, dass der Prozess der Zivilisation mit der Zähmung und Sublimierung der Triebe einhergeht: »Wo Es war, soll Ich werden«. Das Unbewusste hingegen, so sagt Freud in einem Aufsatz aus dem Jahr 1938, kenne weder Zeit noch Verneinung. Zwangsläufig – das wäre die Schlussfolgerung – müsste sich das Regime der Lüste zu einer Form der Geschichtslosigkeit auswachsen, zum anderen würde es sich in einem wachsenden Unvermögen artikulieren, Triebverzicht zu leisten.

Wir haben der Geburt dieses Dämons beiwohnen können – und im Laufe der Jahre erlebt, dass er immer mächtiger geworden ist. Konnten sich die »Digital Natives« in seinen Kindheitstagen im Glanze seiner Macht sonnen, müssen sie heute zur Kenntnis nehmen, dass er sie ungerührt verspeist, wenn ihm danach ist. Dabei ist der Dämon, auch wenn er uns als menschenverschlingendes Monster erscheint, ein alter Bekannter, entspricht er doch in allen Einzelheiten jenem Phantombild, das uns der Sozialromantiker Jean-Jacques Rousseau in seinem »Gesellschaftsvertrag« vorgestellt hat, als jenes Höchste Wesen nämlich, das allein einer künftigen und menschlichen Gesellschaft ihr Gesetz vorgeben kann. Um die »für das Wohl der Völker am besten geeigneten Grundsätze der Gesellschaft aufzufinden, bedürfte es eines höheren Geistes, der alle Leidenschaften der Menschen überschaute und keine derselben empfände; dem jede Beziehung zu unserer Natur fehlte und der trotzdem aus dem Grunde von ihr Kenntnis besäße; dessen Glück von uns unabhängig wäre und der dennoch Neigung hätte, sich mit dem unsrigen zu beschäftigen; der sich endlich im Verlaufe der Zeit einen erst in weiter Ferne hervortretenden Ruhm erwürbe und in einem Jahrhundert arbeiten könnte, um erst in einem andern die Früchte seiner Arbeit zu genießen. Es bedürfte göttlicher Wesen, um den Menschen Gesetze zu geben«. Ist dies nicht, was wir mit dem Internet vor uns haben? Ein Höchstes Wesen, das um all unsere Leidenschaften weiß, aber keine von ihnen empfindet? Und dennoch lässt uns der Auftritt dieses Gesetzgebers erschaudern – vielleicht auch deswegen, weil er die Gesetze der Alten Welt erodieren lässt, während die Neue Welt sich nur schemenhaft vor uns abzeichnet.

F: Bist du jetzt dafür oder dagegen?

A: Du möchtest, dass ich da einen klaren Standpunkt einnehme?

F: Aber ja!

A: Man kann eine Paradoxie nicht dadurch auflösen, dass man sich auf die eine oder andere Seite schlägt. Natürlich bin ich dafür, dass man die Zukunft begrüßt. Aber das geht nur, wenn wir diesen Dämon zu einem uns wohlgesinnten Gesetzgeber machen.

F: Und wer sollte uns daran hindern?

A: Nur wir selbst. Und zwar dadurch, dass wir dieses Gebilde dämonisieren – dass wir es zu einer fremden Macht herrichten, anstatt uns in diesem Bild selbst zu erkennen.

F: Klingt ziemlich esoterisch, wenn du mich fragst.

A: Allein die Tatsache, dass man, um diese Problematik auch nur zu beschreiben, einen Dämon auf den Plan rufen muss, zeigt, dass wir es mit einer abgespaltenen Instanz zu tun haben. Rousseau, wohlgemerkt, hatte mit seinem Höchsten Wesen etwas ganz anderes im Sinn, etwas Menschenfreundliches, eine Instanz, die uns zum Menschsein im vollen Sinne überhaupt erst befähigt. Umso sonderbarer, dass uns die massenhafte Verstärkung unserer eigenen Impulse nur als Fremdkörper, ja als Monster gegenübertritt.

F: Du meinst, es ist mein Problem, dass mich da irgendein Geheimdienst ausspioniert?

A: Nein. Das sagt nur, dass der digitale Gesellschaftsvertrag in weiter Ferne liegt und dass wir uns notgedrungen mit den Gespenstern der Vergangenheit herumschlagen. Das werden weder du noch ich ändern können.

F: Wir könnten auf die Straße gehen und uns dagegen empören!

A: Natürlich könnten wir das. Aber indem wir uns gegen jemand anderen empören, schieben wir die Beantwortung der eigentlichen Frage nur immer weiter hinaus. Warum ist das so? Warum entdecken wir beim Blick in den Spiegel des Internets nicht uns selbst, sondern ein Monster?

SCHIFFE VERSENKEN

Als der Conquistador Cortès in Mexiko landete, ließ er vor den Augen seiner Mannschaft die Schiffe verbrennen. Seinen Mannen war klar, dass damit der Rückweg abgeschnitten war, Cortès ging es mehr um die psychologische Wirkung des Aktes – hatte er doch, den Blicken seiner Männer tunlichst verborgen, Taue, Nägel und Segel des Schiffes entfernen und sicher verwahren lassen. Die Zurschaustellung, ja geradezu die Feier des Untergangs, enthält eine tiefe Einsicht. Solange die Möglichkeit der Rückkehr besteht, wird die Eroberung der Neuen Welt nicht gelingen. Das Heimweh, die Trauer um das verlorene Paradies (oder das, was in der Ferne erst dazu wird) werden die Oberhand behalten.

Wirft schon die räumliche Eroberung solche Probleme auf, ist nachvollziehbar, dass die Besiedlung eines neuen Geisteskontinents ein weitaus schwierigeres Unterfangen darstellt. Denn in unserem Denken gibt es keine räumliche Trennung, lassen sich nicht einfach Brücken zur Vergangenheit abreißen. Folglich haben wir immer auch mit den Überlebseln der Vergangenheit zu schaffen. In der Gleichzeitigkeit des Ungleichzeitigen stehen die Kutschen der Amish neben dem Elektromobil, das Klingeln des Smartphones neben der Wahrsagerei. Anders als in unserer Dingwelt, in der sich die überlegene, letztlich rationalere Technik durchsetzt, ist das Bewusstsein, ob und inwieweit ein Gedanke zeitgemäß ist, keineswegs entscheidend für sein Überleben. Im Gegenteil: Gerade im Augenblick des rasanten technischen Wandels neigen die Menschen zum Retrokult, mag eine Vorstellung gerade, weil sie unzeitgemäß ist, eine besondere Faszination auf uns ausüben. Wie in den primitiven Ethnien, die glaubten, die Armeen der Toten gegen die zivilisatorischen Eindringlinge ins Feld führen zu können, rekrutiert man die Geister der Toten – was umso leichter fällt, als jene sich nicht mehr gegen ihre nachträgliche Instrumentalisierung wenden können. So kann die »geistige Heimat« zu einem Potjomkinschen Dorf werden, dessen wahrer Sinn nicht in der Traditionspflege, sondern im Abwehrzauber liegt, darin, den Blick auf die Gegenwart zu verstellen.

Nun ist das Beharren auf dem Unzeitgemäßen, als offensiv vorgetragene Gegenwartsverachtung, eine keineswegs uninteressante Position. Häufig hat der reflektierte Reaktionär ein extrem verfeinertes Gespür für die Verschiebungen des Denkens. Komplizierter wird die Sache dort, wo man sich, sei es aus Bequemlichkeit, sei es aus Gedankenträgheit, von der allgemeinen Bewegung mitziehen lässt. Wo der Mainstream herrscht, goutiert man die Genüsse des Neuen, beharrt aber ebenso lautstark auf den Sicherheiten des Alten. Da die Tradition stets die Oberhand hat, kommt es zu jener geistigen Spaltung, bei der man sich mit den Diskursen des Gestern gegen jene Zukunft rüstet, die man doch selbst vorantreibt, dort jedenfalls, wo man sich einen Nutzen davon verspricht. Was zum Beispiel soll man sagen, wenn ein naher Verwandter eine lange Suada gegen die allgemeine Geiz-ist-geil-Mentalität anstimmt, übergangslos aber, in einer Mischung aus protestantischer Sparsamkeitsethik und gewitztem Konsumentenverhalten, von seinen Ebay-Schnäppchen zu schwärmen beginnt? Dabei betreffen die Spaltungsprozesse nicht bloß Individuen, sie können Gruppen, Institutionen, ganze Gesellschaften erfassen. Und nicht selten ist die Trägheit des Bestehenden so groß, dass sie jeder Vernunft Hohn spricht. Da versammelt der Leiter einer Raumplanungsbehörde seine Institutsangestellten auf dem Hof und fragt, ob es wohl irgendjemand dort draußen merken würde, wenn es dieses Institut nicht mehr gäbe? Man ist sich einig, dass, da man nichts Ordentliches zustande bringe, wohl niemand den Verlust beklagen werde. Nur dass diese gemeinsame Überzeugung die Beteiligten nicht im Mindesten davon abhält, sich wie jeden Tag an die Arbeit zu machen.

ABSCHIED VON DER REALITÄT

»Manifest für eine neue Welt«, das heißt: dass der Untergang der Alten Welt sich regelrecht aufdrängt, zu Bildern, die man aus den verschiedensten Winkeln betrachtet, die man vor- und zurückspult, gegeneinander schneidet, mit dem Ziel, daraus eine überzeugende Bildfolge, die Erzählung eines Verschwindens zu montieren. Wie der Staat, das Geld, die Institutionen, zu guter Letzt unser Selbstbild untergehen. Mag sein, dass eine solche Erzählung, in der unsere Gegenwart vor allem als eine Trümmerlandschaft erscheint, beim Leser jene Empörung hervorruft, die der Anblick der brennenden Schiffe bei Cortès' Männern bewirkt haben mag. Wie kann man das Ende des Staates ausrufen, wenn es doch keinen Winkel der Welt gibt, in dem nicht irgendein Uniformträger ermächtigt ist, meine Personalien zu überprüfen? Wie das Ende der Geldordnung proklamieren, wo doch die Zeitungen voll sind von all den Maßnahmen, die man zur Rettung der Weltfinanzordnung unternimmt? Und wie kommt man schließlich dazu, in Anbetracht der allüberall grassierenden Egozentrik und Selbstoptimierung das Ende des Individuums auszurufen? Ist das nicht blanker Nihilismus – so fahrlässig wie die Forderung danach, unsere tradierten Vorstellungen davon, was Bildung, Arbeit, ja überhaupt einen gesellschaftlichen Wert darstellt, als null und nichtig zu erachten?

Nun kann die Berufung auf das Realitätsprinzip sehr trügerisch sein. Hängen wir nicht, gerade weil wir um unsere Sterblichkeit wissen, an der Unerschütterlichkeit unseres Weltbildes? Löst nicht schon ein Kratzer daran ein Panikgefühl aus? Was aber wäre, wenn unsere Vorstellungen nur deswegen fortbestehen, weil wir (wie die Figuren des Comics, die sich noch in der Luft fortbewegen) nicht auf den Gedanken verfallen, einen Blick in die Tiefe zu werfen? Was, wenn das Immergrün unserer Illusionen eine Art Zeichentrick wäre, wie das Aussehen des ewigjungen Dorian Gray, dessen im Speicher verborgenes Porträt die Spuren seines Alters und seiner Verwüstung zeigt? Was also, wenn wir, um einen Blick auf die wahre Verfasstheit unserer Welt zu erhaschen, einen Blick in diesen Speicher werfen müssten?

SYSTEM-NEUSTART

F: Dieses Gerede von der Neuen Welt, Cortès usw. Was bitte hat das mit der Digitalisierung zu tun?

A: Es gibt eine Parallele, beinahe so etwas wie ein historisches Déjà-vu.

F: Dann komm auf den Punkt!

A: Was ist ein Computer? Ein Computer ist ja kein Medium, das sich in einem Zweck erschöpft. Während ein Hammer nur zum Hämmern da ist, kann man einen Computer zu allem Erdenklichen nutzen. Sofort stellt sich die Frage: Hat es ein solches Unding, eine solche ›universale Maschine‹, in der Geschichte schon mal gegeben?

F: Und? Möchtest du mich jetzt auf die Folter spannen?

A: Man muss schon tief in die Geschichte zurücksteigen: Aber der Räderwerkautomat des Mittelalters ist eine solche Maschine, du kannst ihn als Uhr, als Spielwerk, aber auch als Kraftwerk zur Energiegewinnung benutzen, als Mühle zum Beispiel.

F: Ehrlich gesagt sehe ich den Punkt nicht. Für mich ist der Computer ein Medium, nichts weiter.

A: Da du ein iPhone benutzt, berufen wir uns zur Abwechslung mal auf Steve Jobs: Der Computer ist die Lösung, hat er gesagt, was wir brauchen, ist das Problem.

F: Klingt amüsant.

A: Das ist sehr viel mehr als bloß ein Bonmot. Denn dieser kleine Satz konfrontiert uns mit einer Verkehrung von Ursache und Wirkung. Plötzlich läuft die Antwort der Frage voraus, ist die Lösung schon da, bevor ich das Problem formuliert habe. Diese Besonderheit hebt den Computer aus der Riege der Werkzeuge heraus, die sich in einem bestimmten Zweck erschöpfen.

F: Du meinst, weil ich alles Erdenkliche damit anstellen kann.

A: Ja. Und deshalb sollte man nicht von einem Medium sprechen, jedenfalls nicht, wenn man ein Mittel zum Zweck im Auge hat.

F: Was schlägst du vor?

A: Eine solche Maschine, die eine ganze Generation von neuen, noch auszuformulierenden Werkzeugen in sich trägt, ist nicht als Werkzeug, sondern angemessen nur als Werkstatt zu fassen.

F: Als eine Art Möglichkeitsraum also.

A: Ja, mit einer solchen universalen Maschine steigt die Kultur in einen neuen Raum, in einen neuen Techno-Logos ein. Sie betritt einen neuen Geisteskontinent.

F: Verstehe. Und die Renaissance kommt ins Spiel, weil du als Künstliche Intelligenz wiedergeboren werden möchtest.

A: Ganz und gar nicht. Obwohl vieles von dem, was die Protagonisten dieser Kultur in die Welt gesetzt haben, mit solchen Fantasien zu tun hat. Als ich die Geschichte der mechanischen Uhr im Mittelalter untersucht habe, hat mich vor allem die Frage beschäftigt, wie eine Kultur mit einer universalen Maschine umgeht, einer Maschine, die unserem Computer vergleichbar ist. Und im späten Mittelalter wird einem hier vor Augen geführt, dass mit der Uhr ein Fremdkörper ins Denken einschlägt. Die Uhr bildet den Kern einer mechanischen, rationalistischen Weltsicht.

F: Die Uhr als Ursprung des Kapitalismus?

A: Die christliche Kultur, das ist bemerkenswert, hat die Maschine begrüßt. Da waren andere Kulturkreise sehr viel weniger aufnahmefähig. China zum Beispiel …

F: Aber die haben doch schon ganz früh selbst eine Uhr konstruiert!

A: Und haben sie, das ist das Paradoxe daran, gleich wieder vergessen.

F: Und warum?

A: Die Erklärung ist simpel. Als der Jesuit Matteo Ricci im Jahr 1600 nach China kam, mit einem Astrolab und einer mechanischen Uhr im Gepäck, war der Kaiser hoch beeindruckt – aber nicht im Mindesten willens, seine Untertanen mit diesen Errungenschaften zu beglücken. Denn der Kaiser, als Sohn des Himmels, verdankt seine Legitimität der Herrschaft über die Zeit. Eine Uhr, die dieses Vermögen demokratisiert hätte, hätte seine Herrschaft unterlaufen. Also wurde Matteo Ricci im kaiserlichen Palast einkaserniert und zum Kalendermacher des Kaisers ernannt. In Anbetracht dieser Geschichte kommt einem die Tatsache, dass das christliche Mittelalter die Uhr nicht nur begrüßt, sondern den lieben Gott zum Uhrmacher umgeschult hat, schon bemerkenswert vor.

F: Was gegen deine These vom Fremdkörper spricht.

A: Nein, oder wenn, nur bedingt. Schon bald nämlich wurde sichtbar, dass mit der mechanischen Uhr eine Reihe von Dingen einhergeht, die kulturell nicht mehr hinnehmbar waren: Zinsen zum Beispiel.

F: Klar, wenn die Zeit tickt, dann möchte man auch, dass mit jedem Tick ein Groschen fällt.

A: An diesem Beispiel sieht man jedenfalls, dass es bei der universalen Maschine nicht um ein Werkzeug, sondern um etwas sehr viel Umfassenderes geht: ein geistiges Korsett, ein Weltbild, wenn du so willst. Genau hier liegt der Bezug zur Computerkultur. Natürlich begrüßen wir die Maschine, aber je weiter wir in diesen Geisteskontinent vordringen, desto unheimlicher wird er uns doch.

F: Du meinst, es gibt eine Parallele zwischen unserer Zeit und dem ausgehenden Mittelalter?

A: Ja. Wie die Menschen der damaligen Zeit geraten wir in eine Konfliktzone hinein, denn wir müssen begreifen, dass die Neue Welt nicht eine Ergänzung der Alten Welt ist, sondern ihr Ende.

DIGITALE RENAISSANCE

Wenn wir an die historische Renaissance denken, haben wir eine Morgenfrühe vor Augen, den Beginn einer neuen Zeit. Vertraute Gesichter. Die Stunde des Universalkünstlers, der wie Leonardo die Malerei mit anatomischen Studien, die Skulptur mit der Entwicklung von Kriegsgeräten oder Flugkörpern verbindet. Eine von aller Religion befreite Vernunft. Der Traum von der Ferne, die hinter dem Horizont liegt, gepaart mit der Exaktheit des kartografischen Blicks. Das bewaffnete Auge, das im Innern der *camera obscura* die Landschaft vermisst. Der Geist, der die Wirklichkeit überschreitet und das Land der unbegrenzten Möglichkeiten erobert. Amerika. Die eigene Psyche, als Landschaft begriffen. Die Kultur, die vergangen ist, aber wie ein Steinbruch als Materialsammlung dient. Der esoterische Glaube, dass sich im Großen das Kleine spiegelt, der Mensch aber das Maß aller Dinge ist. Entdeckung der Schrift – nicht als Gesetz, in Stein gemeißelt, sondern als Raum, in dem bewegliche Lettern einen neuen Sinn stiften. Buchgemeinschaft und Typographie, Entdeckung der Massenkultur. Befreiung des Künstlers vom geistlichen Vormund. Die Akademie und der philosophische Zirkel. Die Würde des Menschen. Utopia. Der Sonnenstaat.

All das ist wahr – und in vielleicht kürzester Form von Jakob Burckhardt auf den Begriff gebracht, der die Renaissance als »Entdeckung der Welt und des Menschen« charakterisiert hat. Gleichwohl liegt in dieser einhellig positiven Charakterisierung eine Form der selektiven Wahrnehmung. Der treffenden Formulierung Schlegels folgend, wonach der Historiker ein rückwärts gekehrter Prophet ist, nehmen wir die Renaissance als magisches Geburtsmysterium in den Dienst, erscheint sie uns wie ein ferner Spiegel, in dem wir uns selbst wiedererkennen.

Nähert man sich der Renaissance vorurteilsfrei, zeigt sich ein sehr viel abgründigeres Bild. Man sieht eine Zeit, die aufhört, Universitäten und Kathedralen zu bauen, die an die Stelle der öffentlichen Disputation die Bücher, an die Stelle der überwölbenden Kirchengemeinschaft den Privataltar setzt. Man sieht das Ende der christlichen Tugenden, die durch weltliche Machtansprüche ersetzt werden. Weil die Doppelmoral sich zu einer konstitutionellen Schizophrenie auswächst, wird es nachgerade zur Notwendigkeit, Rede und Handeln voneinander zu trennen. Folglich betätigen sich die an Geldnot leidenden Könige als Falschmünzer – oder setzen kurzerhand Schauprozesse in Gang, deren einziger Sinn in der Aneignung fremden Besitzes liegt. In Anbetracht des allgemeinen Geldschwundes aber grassiert das Wucherwesen umso mehr. Auch die Kirche wird, nachdem sie sich lange gegen derlei Auswüchse gewehrt hat, vom Geist der Zeit infiziert. Warum, wenn denn alles auf eine Frage des Geldes hinausläuft, sollte man die den Menschen verbliebene Scham nicht dazu nutzen, den Bau eines solch ehrwürdigen Gebäudes wie des Petersdoms zu finanzieren? Oder Michelangelo mit der Gestaltung der Sixtinischen Kapelle zu betrauen? Warum also nicht die Vergebung der Sünde mit einem kleinen Obolus besteuern – ein Geschäftsmodell, das zu einem schwungvollen Ablasshandel führt und dazu, dass man die Vergebung der Sünden gleich im Abreißblock kauft. Allmählich greift eine Schizologik um sich, bei der die Linke nicht weiß, was die Rechte tut. Ehedem befreundete Städte bekriegen einander, Attentat und Erpressung werden zu politischen Mitteln. In den Biografien der Condottiere liest man Sätze wie diese: *Er diente den Visconti gegen Venedig und dann Venedig gegen die Visconti. Er griff den Papst an, vertrieb ihn aus der Romagna, verteidigte ihn später.* Eine neue Spezies erscheint auf der Bühne: Auftritt des Warlords, des Söldners, der Käuflichkeit überhaupt. Es sind nicht die Herrschenden allein, die sich fragwürdiger Mittel bedienen. In der Bevölkerung beginnen Verschwörungstheorien zu geistern, macht sich der Wunsch breit, irgendjemanden für die Pest, die Inflation, den schwindenden Gemeinsinn zur Verantwortung zu ziehen. Aufflammender Antisemitismus, Pogrome. Werden sie nicht gleich des Landes verwiesen, werden die Juden in Ghettos eingepfercht. Weil Paranoia allgegenwärtig ist, beginnt der Hexenwahn um sich zu greifen – sieht sich die Kirche genötigt, den Blutdurst der Bevölkerung zu befriedigen. Der Scheiterhaufen wird zum Maßstab der kollektiven Erregung. In dem Maß wiederum, in dem die Fundamente unsicher werden, nimmt man zu Fundamentalismen Zuflucht. Bußprediger wie Savonarola, die die Anhäufung privater Besitztümer, die Korruption und die Gottlosigkeit geißeln, rufen zu Bücher- und Bilderverbrennungen auf. Bürgerkriege. Bauernkriege. Erbfolgekriege. Und andererseits Städte, die um ihrer Selbstverteidigung willen ihre Verwaltung modernisieren. Lokalpatriotismus, Nationalismus. Eine Welt, die mit ihrem Latein an ein Ende gelangt ist, die in immer kleinere Einheiten zerfällt.

KREATIVE ZERSTÖRUNG

Die Renaissance, wie wir sie kennen, ist die andere Seite eines gesellschaftlichen Zerfalls. Der Schwund gesellschaftlicher Bindekräfte entfesselt im Privaten eine ungeheure Kreativität. Insofern ähnelt die Renaissance in Wahrheit weniger der Geburt, als vielmehr einer kreativen Zerstörung. Der *uomo universale* ist gleichermaßen letzter Vertreter wie Überwinder des mittelalterlichen Universalismus. Die Gründe dafür, warum das Mittelalter mit seinem Latein ans Ende gerät, sind schnell benannt. Mit der Entdeckung der mechanischen Uhr gerät der Virus des Kapitalismus in die Blutbahn der feudalen Gesellschaft. An die Stelle des Tauschhandels tritt die Geldwirtschaft, Arbeitsteilung greift um sich, der Fernhandel erlebt eine nie zuvor dagewesene Blüte. Feiert man die Uhr zu Anbeginn noch als eine Form des Gottesbeweises, wird in dem Maße, in dem die Zeit Geld wird, sichtbar, dass mit dieser Gottesmaschine ein Fremdkörper in die Welt geraten ist, eine Logik, die dem schlichten Glauben den Garaus bereitet. Im Schatten der Kathedralen gesellt sich dem Gottesdienst die weltliche Messe hinzu. So wie das Gold, das in der Malerei zur Signatur der Heiligen genutzt wird, durch den Schein von Gold ersetzt wird, so wird der Horizont des Mittelalters, der gen Himmel ausgerichtet war, flach gelegt. Man darf sich den Widerstand, der gegen die Mechanisierung des Denkens gerichtet war, nicht stark genug vorstellen – ein Beleg dafür ist, dass der Zins, ebenso wie die Abbildung des Propheten in der moslemischen Welt noch immer ein Tabu ist. Die Dämonisierung des Wuchers entspringt einem präzisen Instinkt, dem Wissen nämlich, dass man von nun an einem anderen Herrn tributpflichtig ist. Ist uns dieser Herr als Kapitalismus geläufig, erschien er den Zeitgenossen als furchterregendes Monster, dessen bloße Gegenwart sie mit der Möglichkeit konfrontierte, dass der gesellschaftliche Klebstoff des Glaubens die Gesellschaft nicht mehr zusammenzuhalten vermochte. Eine kleine Episode mag dies verdeutlichen. So erzählt der Chronist Cäsarius von Heisterbach (ca. 1180–1240) vom Begräbnis der Jutta von Frechen, einer Dame, die sich zu Lebzeiten als Wucherin betätigte. Solange der Priester die Sterbegebete rezitierte, lag der Leichnam friedlich da, hörte er auf, begannen sich die Hände der Toten zu bewegen und jene Gesten auszuführen, die fürs Geldzählen charakteristisch sind. War man der Meinung, dass der Wucherer, der das Geld auch des Sonntags arbeiten lässt, Gottes Zeit stiehlt, wurde diese Form des Diebstahls sehr bald schon zur Tagesordnung, begann das tote Kapital eine quecksilbrige Vitalität zu entfalten. Zunehmend liefen die wirklichen Preise der Güter den »prezzi cristiani« (den christlichen Preisen) davon, wurde klar, dass man gegen die Verwandlung der Welt nicht mehr anpredigen kann. Insofern könnte man die zeitgemäße Formel, die von einer Sozialisierung der Verluste und einer Privatisierung des Gewinns spricht, auf das Verhältnis von ausgehendem Mittelalter und Renaissance beziehen.

Dennoch gibt es hier, anders als ein Savonarola gepredigt hat, keinerlei Kausalität. Es sind nicht die Bilder eines Leonardo oder die Skulpturen eines Michelangelo, die als tote Simulakren die Schöpfung usurpiert haben. Das Mittelalter selbst hat in seinen hinaufpfeilenden Bauten und in seiner Begeisterung für die Rationalität jene Selbstabschaffung betrieben, die die Bußprediger der Renaissance auf den Plan bringen wird. Im Kontext des unabweisbaren gesellschaftlichen Zerfalls ist die Renaissance ein tätiger Nihilismus, der im Zerfall der Gesellschaft nicht den Schwund des Gemeinsinns, vielmehr ein Befreiungsmoment sieht. Strenggenommen ist die Lockerung der sozialen Fessel geradezu die Bedingung dafür, auf solch fulminante, nie zuvor dagewesene Weise ICH sagen zu können. *Wo aber Gefahr ist, da wächst das Rettende auch* (Hölderlin).

Wenn im Folgenden von einer »Digitalen Renaissance« die Rede ist, so sollte man die Janusköpfigkeit der historischen Renaissance im Auge behalten. Mögen unsere Techno-Gurus behaupten, dass wir »eine neue Ära [betreten], die uns einen nie dagewesenen Wohlstand und Ideenreichtum verspricht«, so sät der historische Rückblick einen gesunden Zweifel. Nicht nur dass er vor allzu naiven Zukunftshoffnungen schützt, er bewahrt auch vor jenem wohlfeilen Kulturkonservatismus, der glaubt, mit dem Mantra von der Seelenlosigkeit der Computerkultur die alten Werte hochhalten zu können. Denn ob wir dies wollen oder nicht: Die Digitale Renaissance steht uns bevor – und schon dies ist Grund für einen Rückblick, der die Vergangenheit weder zur Vermarktungsgeste noch zum Ruhekissen einer selbstzufriedenen Traditionsseligkeit zurichtet. Für die Mehrzahl der Zeitgenossen war die Renaissance keine glückliche Zeit, eher eine Epoche des gesellschaftlichen und institutionellen Zerfalls. Einer Minderheit jedoch verliehen diese Zerfallsprozesse bislang undenkbare Freiräume. Hatten sich die Intellektuellen des Mittelalters noch darüber beklagt, dass sie, wenn sie denn einen eigenen Gedanken in die Welt entlassen wollten, ihn einem »alten Meister« in den Mund zu legen hätten, konnte sich plötzlich eine Kultur der Individualität entfalten. Plötzlich werden die Tafelbilder signiert, Gebäude einem Architekten zugeordnet, sieht man den unverhohlenen Stolz eines Schöpfers, der sich nicht mehr als Vollzugsorgan eines höheren Willens begreift, sondern auf eigene Rechnung arbeitet.

Tatsächlich wäre – und insbesondere dort, wo wir mit der Digitalen Renaissance eine Wiederkehr des Gleichen diagnostizieren – die Frage zu stellen, woher die besondere Rücksichtslosigkeit dieser Protagonisten rührt, was es ihnen ermöglichte, aus den Zwangsvorstellungen der Vergangenheit herauszutreten. Denn dieses Heraustreten ist kein einfacher Vorgang. Es erfordert die Bereitschaft, die existierende Gemeinschaft, ihre Institutionen und die ihnen zugrundeliegenden Übereinkünfte als nichtexistent – oder zumindest als hinfällig – zu betrachten. Wie die Gelehrten des Mittelalters die Unversehrtheit des Körpers verletzten und anatomische Sektionen vornahmen, sind wir genötigt, unsere Körperschaften einer Zergliederung zu unterziehen. In dieser Zergliederung muss der Tod der Institution als beschlossene Sache vorausgesetzt werden, so wie man andererseits fähig sein muss, das Phantomhafte, ja geradezu die Psychopathologie unseres Gemeinwesens ins Auge zu fassen. Nur so werden wir die Freiräume erkennen, die uns eine neue Welt denken lassen.

F: Warum so negativ? Von wegen Psychopathologie und so weiter. Warum sagst du nicht einfach: Wir haben da eine Reihe cooler Tools, lasst sie uns nutzen?

A: Ja, das ist die Art, in der man gemeinhin von der Digitalen Renaissance spricht. Da muss man nur Kevin Kelly, dem Chefredakteur von »Wired« zuhören. Da wird dir erzählt, wie cool das neue Google-Auto ist oder die Brille, was für neue Gadgets es gibt, Supercomputer, die die menschliche Sprache prozessieren, lernende Expertensysteme, die Mediziner ersetzen – und all dies verleiht einem so ein kulturelles Start-up-Gefühl, dass man gleich die Renaissance bemühen muss.

F: Was gibt's dagegen einzuwenden?

A: Ich finde, was da technologisch passiert, großartig. Das Einzige, was mich stört, ist dieses Erlöserhafte, Techno-Evangelikale daran. Das bringt einen sonderbar altmodischen Zungenschlag in die Debatte, wie die Science-Fiction-Filme, die doch bloß die moralischen Probleme der Vergangenheit aufwühlen.

F: Hat doch auch etwas für sich, oder?

A: Ich glaube, dass die Kunst nicht so sehr in der Erfindung des Neuen, als vielmehr im Vergessen des Alten liegt.

F: Du willst aufs Schiffeversenken hinaus?

A: Man verpasst, in der Fokussierung auf die technologischen Gadgets, die eigentlich wichtigen, die psychologischen, aber auch institutionellen Bruchlinien. Meine Vorstellung ist, dass all das, was wir heute erleben, viel mehr mit der historischen Renaissance zu tun hat, als sich diejenigen, die das bloß als eine Art kulturelles Gütesiegel benutzen, vielleicht wünschen würden.

F: Klingt wie eine Drohung.

A: Nein, das sagt bloß, dass der Riss viel tiefer geht, als derartige Szenarios das vorstellbar werden lassen. Was, wenn in ein oder zwei Generationen die Bewohner der Computerwelt auf unsere Selbstdarstellungen schauen, wie wir auf die uns völlig rätselhaften mittelalterlichen Gesichter schauen? Was, wenn man in Zukunft nicht bloß vom dunklen Mittelalter, sondern von einer dunklen Neuzeit, gar einer dunklen Aufklärung reden würde?

VOM DENKEN IN ANALOGIEN

Wenn ich mir den Übergang vom Mittelalter zur frühen Neuzeit ins Gedächtnis rufe, habe ich zwei Gedankenkontinente vor Augen, tektonische
Platten, die sich voneinander lösen und langsam auseinanderdriften. Natürlich hat es den Epochenriss in dieser klaren Form niemals gegeben – so
wenig, wie irgendein Scholast den Tod des Mittelalters ausgerufen hätte.
Eine solche Betrachtungsweise stellt sich erst im Rückblick ein. Damit ist
keineswegs gesagt, dass die Idee des Epochenrisses unangebracht wäre.
Im Gegenteil. Wenn wir die Fremdheit der mittelalterlichen Typen notie-
ren, so ist das eine durchaus präzise Intuition. Selbst wenn uns jedes einzelne Wort bekannt vorkommt, geraten wir bei der Lektüre eines mittelalterlichen Textes in einen Gedankenraum, in dem man sich nur tastend,
wie im Finstern, bewegen kann. Man liest einen mittelalterlichen Mathematiker und stößt sich an den verschachtelten Konstruktionen – bis man
begreift, dass die Umständlichkeit seiner Gedankenführung kein persönliches Problem darstellt, sondern daher rührt, dass er (wie seine Zeitgenossen) nicht mit der Null hat rechnen können. Während ich 1 durch 4
teilen und als Ergebnis 0,25 ausgeben kann, ist es ihm unmöglich, diese
simple Division aufzulösen. Stattdessen kann er nur sagen, dass sich 1 : 4
wie 2 : 8 oder 3 : 12 verhält. Wenn sich eine Proportion nur mit einer anderen Proportion beschreiben lässt, kann man diese Matrix auf eine Grundformel reduzieren: A verhält sich zu B wie C zu D. Beim *Denken in Analogien* lösen sich Gleichungen nicht auf, sondern werden mit anderen
Gleichnissen beantwortet. Die Sonne ist für die Welt, was die Philosophie
für den Geist ist. Demgemäß ist das Denken der Analogie nicht bloß eine
mathematische Praxis, sondern eine Weltsicht, die sich auf die Theologie,
die Medizin, ja auf alle Lebensbezirke bezieht.

Wie grundfern die mittelalterliche Weltbetrachtung uns ist, lässt sich
an der Art und Weise verdeutlichen, wie man sich im Mittelalter den Er-
kenntnisvorgang vorstellte. Das Sehen ist kein abstrakter Vorgang, bei

dem Lichtstrahlen auf eine empfindliche Fläche treffen, sondern ein Vorgang, der vom Betrachter selbst in Gang gesetzt wird. Indem er etwas in den Blick nimmt, sendet er eine Sehsubstanz aus. Wie ein Laser, der einen Gegenstand abtastet, tastet diese rätselhafte Substanz das entsprechende Objekt ab und fertigt ein Abbild (ein *eidolon*), das sich lichtschnell zum Absender zurückbewegt und durchs Auge ins Gehirn tritt. Dort findet dann ein Abgleich mit den entsprechenden Gedanken statt (jenen Ideen, die uns gleichsam als göttliche Urformen eingegeben sind). Es ist evident, dass in einem solchen Kontext die Idee einer *objektiven* Betrachtung nicht den mindesten Sinn macht, ja im Grunde undenkbar ist. Das analoge Denken vollzieht im Großen, was der Sehakt auf der sensorischen Ebene bewirkt. Da die Frage nach einem Körper immer mit einem anderen Körper beantwortet wird, wird die natürliche Integrität des Körpers niemals infrage gestellt – und dies wiederum schlägt sich in der Tatsache nieder, dass die natürliche Zahl als grundlegende, nicht weiter aufzulösende Einheit gilt. Gott ist einfach. Und weil das Einfache göttlich, das Vielfache teuflischer Natur ist, versteht man, warum die Zergliederung eines Leichnams ein Tabu darstellt, warum die Güter sich nicht in einen Preis auflösen lassen und Formen der Voodoo-Ökonomie und des Analogiezaubers eigentlich rationale Verfahren sind.

DER UNSICHTBARE DRITTE

Dieses Denken allerdings beginnt sich im 13., 14. Jahrhundert aufzulösen. Wie in Nicole Oresmes Buch über die »Proportion der Proportionen« (das mir die Fremdheit des mittelalterlichen Denkens vor Augen geführt hat), macht sich der Wunsch bemerkbar, dass die unabschließbare Reihe der Analogien sich in ein Drittes auflöst, dass A : B also C ergeben möge. Dieses Dritte aber wird – das ist für unsere Gedankenführung nicht unerheblich – der »Repräsentant« genannt. Nun kommt die Geburt des Repräsentanten nicht aus dem Nichts, sondern folgt den Erfordernissen des täglichen Lebens. Da sich mit der mechanischen Uhr arbeitsteilige Produktionsweisen eingestellt haben, werden zunehmend Geldbeziehungen zur täglichen Praxis. Mit der Käuflichkeit der Welt stellt sich die Frage, wie die Preise festgelegt werden, wer die Münze unterhält und wie die Gesellschaft vor der Entwertung geschützt werden könne (durch Falschmünzerkönige, Nachbarrepubliken usw.). So besehen beschreibt die Idealfigur des Repräsentanten nicht nur die Stunde Null der Mathematik, sondern auch die Notwendigkeit, einen von der Gesellschaft kontrollierten Hüter des Geldes zu inthronisieren. Insofern ist es kein Zufall, dass Nicole Oresme in der Mitte des 14. Jahrhunderts nicht nur über die Notwendigkeit der Null sinniert, sondern zugleich einen »Traktat über Geldabwertungen« verfasst, in dem das mittelalterliche Münzprägungs-Recht beschnitten und durch eine Instanz ersetzt wird, die unserer Zentralbank nahekommt. Mit diesen Fragen beginnt jener gedankliche Kontinent, auf dem das Denken der Neuzeit angesiedelt ist – und der zu Formeln führen wird: *no taxation without representation*. Allerdings sind dies nur erste, tastende Bewegungen, in der Realität wird die kühle, ausgenüchterte Form der Stellvertretung (die unseren Begriff der Repräsentation kennzeichnet) erst in einem relativ späten Stadium erreicht – so wie die Null, mit der sich die Gleichung in einen dritten Term auflösen lässt, erst spät in das neue Denken Einzug hält. Zu Anfang dieses Prozesses gilt die *repraesentatio*, der grundsätzlichen theologischen Lesart der Zeit gemäß, als eine Art himmlischer Datenbank: als »das Verzeichnis der geretteten Seelen im Buch des Lebens im Himmel«. Konstruktionen wie dieses Seelen-Kataster bereiten den Weg, auf dem sich der Repräsentant in der Gesellschaft festsetzen kann. Die vielleicht eindrücklichste Demonstration seiner Macht zeigen die zentralperspektivischen Bilder, die in der Bündelung des Sehstrahls die Bewohner der Neuen Welt vorführen: Männer, die mit den Zeichen der Zeit, dem Geld und den Büchern umzugehen wissen, die über den nötigen Zynismus und die entsprechende Rücksichtslosigkeit verfügen, die sie ins Zentrum, den Fluchtpunkt des gesellschaftlichen Rahmenwerks, katapultiert. Liest man den vielgeschmähten Machiavelli, der mit seinem Fürsten ein Porträt dieses Herrschertyps hinterlassen hat, bekommt man einen Begriff, wie komplex und abgründig diese Machtübernahme tatsächlich ist. Die Eroberung der Null markiert also nicht bloß eine mathematische Operation, sie bezeichnet zugleich auch die Entwicklung jenes kulturellen Nullpunkts, aus der die Welt hervorgeht, so wie wir sie kennen: mit Staaten, die ihre Untertanen besteuern und für den gewährten Schutz ein Gewalt-, Steuer- und Gesetzgebungsmonopol reklamieren. Mit der Zentralperspektive erhält die *repreasentatio*, das Seelenkataster des Mittelalters, eine neue, diesseitige Lesart. Schon der Ursprung des ersten streng zentralperspektivisch konstruierten Bildes, Masaccios »Zinsgroschen« von 1425–1428, belegt, dass es sich dabei nicht um eine bloß ästhetische Operation, sondern um eine gesellschaftliche, zudem hochpolitische Umwandlung handelt. Die Stadt Florenz, in kriegerische Auseinandersetzungen mit Mailand verwickelt, sah sich genötigt, diesen Krieg zu finanzieren. Die Maßnahme, zu der man sich behördlicherseits aufraffte, war dabei nicht minder revolutionär als das Bild, das zu diesem Zweck in Auftrag gegeben worden war. Man legte ein Kataster an, das die Einkommensverhältnisse eines jeden Florentiners genauestens festhielt. Damit war eine Praxis in der Welt, die zuvor tabu gewesen war: die allgemeine Steuer. *No representation without taxation.* Weil aber der Repräsentant seinen Ursprung dem himmlischen Seelenkataster verdankt, ist es eine logische Folgerung, dass Thomas Hobbes seinen Leviathan (die Sammelperson, in der sich alle Menschen zu einem höheren Wesen vereinen), einen »sterblichen Gott« nennt. Fortan thront über allem die Phantasmagorie der Nation, und die Herrschaftssprache, die sie einfordert, skandiert die Logik der Repräsentation.

All dies ist, ohne dass wir uns dessen bewusst sind, zu einer Art zweiten Natur geworden. Auf die gleiche Weise, wie wir die Null in der Mathematik voraussetzen, setzen wir die Naturgesetzlichkeit der repräsentativen

Institutionen voraus. Wir denken in Staaten, die sich in Uniformen, Landesfarben und der entsprechenden Währung ausdrücken, wir sprechen ihnen eine Zentralbank, das Recht auf allgemeine Besteuerung und ein Gewaltmonopol zu. Im Gegenzug für die uns gebotene Sicherheit verlangen wir, dass unsere Stimme gehört wird, dass wir ein Mitspracherecht haben. Wie der Analogiezauber des Mittelalters hat die Logik der Repräsentation unsere gesamten Lebensäußerungen durchdrungen. Nicht zufällig heißt unser politisches System eine ›repräsentative Demokratie‹, können wir unsere Repräsentationskosten von der Steuer absetzen, stellt sich jemand als Repräsentant der Firma X oder Y vor. Wir haben Standpunkte, entwerfen Perspektiven, setzen ein Rahmenwerk fest. Wir unterscheiden zwischen Subjekt und Objekt. In fast allem, was wir tun, wiederholt sich die Matrix der Repräsentation, verlangen wir, dass das Verhältnis von A:B durch einen Repräsentanten, das Gewalt- und Rechtsmonopol des Staates, geregelt wird.

F: Okay, langsam komme ich dir auf die Schliche. Wenn du von der Kontinentalverschiebung sprichst, dann meinst du das: die Bewegung von der Analogie zur Repräsentation? Also eine Art analog/digital-, genauer: eine analog/repräsentativ-Wandlung.

A: Ja. Das ist ein Gedanke, den ich als junger Student bei Foucault gefunden habe, einem strukturalistischen Denker. Das hat mich tief beeindruckt.

F: Trotzdem wundert mich, dass du hier das Mittelalter ins Spiel bringst. Hat Foucault die Geburt der Repräsentation nicht sehr viel später angesetzt?

A: Ja. Bei ihm ist sie plötzlich da, wie ein Springteufel, der aus dem Nichts hervorgeschnellt kommt. Er geht an der langsamen Entwicklung dieser gedanklichen Ordnung ganz vorbei. Das mag daran liegen, dass Foucault so wahnsinnig auf die Macht fixiert war, sich deswegen wohl nicht hat vorstellen wollen, dass eine solche Ordnung nicht bloß eine Straf- oder Überwachungsmaschine, sondern auch so etwas wie eine Wunscherfüllung ist. Und das meint nicht bloß, dass man elegant mit der Null rechnen kann, sondern dass Institutionen wie der Staat oder die Zentralbank einen befriedenden Charakter haben.

F: Ich kann mich nicht erinnern, dass ich mir einen Staat herbeigewünscht hätte. Ich weiß auch nicht, was befriedend daran sein soll.

A: Ganz einfach. Der Bürgerkrieg hat ein Ende. Die Leute bringen sich nicht mehr aus religiösen Gründen um, lassen sich nicht mehr vom Hexenwahn anstecken …

F: Okay, du willst aufs Gewaltmonopol hinaus, auf die Staatsraison im Sinne einer vernünftigen Ordnung. Das verstehe ich. Und trotzdem mischst du da immerfort religiöse Betrachtungen hinein, redest vom Gottesbeweis, vom Seelenkataster, vom sterblichen Gott.

A: Wenn ich darauf herumreite, so deswegen, weil ich der Überzeugung bin, dass die Repräsentation keine durchweg rationale Ordnung ist, so wenig wie der Staat oder die Zentralbank. Hinter alledem steckt – auch wenn wir nicht einem Gott, sondern einer sterblichen Institution Glauben schenken – eine Glaubensordnung.

F: Du meinst, wir haben die christliche Glaubensordnung durch eine Form der Staatsgläubigkeit ersetzt?

A: Vor allem durch den Glauben ans Geld. Das ist in unserer Sprache ja unüberhörbar. Da ist die mittelalterliche Schuld, die Sünde, zu Schulden mutiert, die Güte zur Bonität und die Glaubensordnung zum Kreditwesen. Aber das ist eigentlich nur die Vorbedingung dafür, dass man eine Institution wie die Zentralbank in die Welt setzen kann. Geld, so hat ein Ökonom einmal schön gesagt, ist ein knapp gehaltenes Nichts. Und wer hält es knapp? Die Zentralbank. Folglich könnte man sie auch als Institut zur Wahrung der Nichtswürdigkeit auffassen.

F: Du meinst, dass der ganze Staat so etwas wie eine Scheinveranstaltung ist, ein Repräsentationsspektakel, das man nur in die Welt gesetzt hat, damit wir ans Geld glauben können.

A: Ja, so könnte man's sehen. Mit dem kleinen, aber keineswegs unerheblichen Unterschied, dass wir diese Religion tatsächlich praktizieren, acht Stunden am Tag oder mehr. Das macht die heutige Krise so unendlich gefährlich. Denn wenn wir dieser Form der Scheinproduktion nicht mehr Glauben schenken, müssen wir begreifen, dass hinter unserem Glauben an das Geld einfach nichts steckt. Was wir da vor uns haben, ist ein brennendes Schiff.

F: Was ich aufschlussreich finde, ist dein Beispiel mit der fehlenden Null. Dass man in einer Gedankenzwangsordnung steckt, die einem gar nicht bewusst ist, einer Matrix sozusagen. Oder wie würdest du das nennen?

A: Ich würde vielleicht von einem Gesellschaftskostüm sprechen, einer Art unsichtbaren Zwangsjacke, die wir gar nicht als solche empfinden. So wie Dostojewski vom Geld gesagt hat, es sei »geprägte Freiheit«. Aber wie wir das nennen, ist eigentlich gleichgültig. Bleiben wir bei der Matrix, das ist gut.

F: Was du zum Mittelalter und zur Analogie gesagt hast, leuchtet mir ein. Ich sehe bloß nicht, wie du von der Null zum Nationalstaat kommst. Mag ja sein, dass man die Null den Repräsentanten genannt hat. Aber ich bin mir sicher, man hat etwas ganz anderes damit gemeint.

A: Wenn ich ein Scholast wäre, würde ich jetzt sagen, dass die Null für die Mathematik ist, was die Zentralbank für den Nationalstaat ist.

F: Haha.

A: Nein, im Ernst. Die Schwierigkeit besteht darin, dass man, wenn man in einer solchen Matrix steckt, einfach blind wird für das vorherrschende Betriebssystem. Man sieht die Zusammenhänge erst dann, wenn man aus dieser Matrix herauskatapultiert wird.

F: Und wo wäre das deiner Meinung zufolge der Fall?

A: Das Kuriose ist: Es ist längst schon passiert. Und der Bruch mit diesem Denken liegt schon eine Zeit lang zurück.

F: Na dann, schieß los!

DIE MATRIX

Der Augenblick, da unser zeitgenössisches Denken aus dem Rahmen fällt, geht auf George Boole zurück, einen englischen Priester und Mathematiker, der mit seinen »Laws of Thought« (1854) das Fundament der binären Logik entwickelt hat. Abstrakt gesprochen ging es Boole darum, den Repräsentanten aus der Mathematik zu entfernen, konkret wollte Boole mit Äpfeln und Birnen gleichermaßen rechnen – oder um eine mathematische Begrifflichkeit zu wählen: von einem Zahlensystem zum anderen springen. In mathematischer Form schwebte ihm vor, was mit der

Jacquardschen Lochkarte bereits an der Tagesordnung war und die Textil-
industrie revolutioniert hatte: eine Meta-Maschine, die sich, je nach Programm, in etwas anderes zu verwandeln vermag. Diese Technik hatte vor
Boole schon einen anderen Computerpionier, Charles Babbage, inspiriert.
Nicht nur dass Babbage (ein Polytechniker ersten Ranges) einen ersten
mechanischen Computer erfand, darüber hinaus brachte er eine Neufas-
sung des mittelalterlichen Gottesbeweises hervor. Hatte das Mittelalter
den lieben Gott schon einer Umschulungsmaßnahme zum Uhrmacher
unterzogen, so lokalisierte Babbage die göttliche Potenz im Vermögen,
das jeweilige Programm ändern zu können (also nach einer langen Folge
von regelmäßigen Einserschritten, 997, 998, 999 urplötzlich die Zählweise
ändern zu können: also 1000 1/3, 1000 2/3 usw.) Gott wird zum Programmierer – oder, da ja das göttliche Vermögen im Wechsel des Programms
liegt, zum Diskjockey: God is a DJ.

Bezogen sich die Neuerungen, die Jacquard und Babbage in die Welt
gebracht hatten, weitgehend auf die Maschine und das Lochkarten-Steu-
ersystem (in unserer heutigen Denkweise: auf Hardware und Software),
fragte sich Boole, wie man dies auf die Mathematik übertragen könnte.
Sein Gedanke war: Wenn man die Zahlensysteme allesamt auf die gleiche Art und Weise codieren würde, wäre der Programmwechsel eine
Trivialität. Um dies zu erreichen, verlieh er der Null und der Eins eine
gänzlich neue Bedeutung. Die Null, so legte es Boole in fast mittelalter-
licher Denkart dar, bedeute die vollkommene Abwesenheit, die Eins hingegen das Universum. Versucht man diese Operation nachzuvollziehen,
so könnte man sagen, dass Boole die Null und die Eins aus dem System
des Berechenbaren herauslöste und sie – quasi in metaphysischer Über-
spannung – zu einem System von Anwesenheit/Abwesenheit umdeute-
te. Dabei vollzog er in mathematischer Form nur, was der Jacquardsche
Webstuhl materiell vorgeführt hatte. War früher der Sporn auf einer Mu-
sikwalze der Träger des Zeichens, war es nunmehr das Loch – die präzise
markierte Abwesenheit.

Die Konsequenz dieser Umdeutung jedoch ist radikal. Denn von nun an ist es egal, ob man mit Zahlen, Buchstaben, mit Klängen oder Bildern rechnete – sind sie doch allesamt nur Codierungen, die sich auf die Null und die Eins zurückführen lassen. Was auch immer diesem Denken einverleibt wird, siedelt sich auf ein- und derselben Ebene an. Umgekehrt gilt, dass es von nun an keinerlei Sonderrechte geben kann, kein Zeichen, das sich über andere erheben und einen Vorrang geltend machen kann. So wie sich die Französische Revolution mit der Guillotine ihres königlichen Repräsentanten entledigte, vertrieb die Boolesche Logik den Repräsentanten aus der Mathematik, stiftete sie jenes Denken, das man die Logik der Simulation nennen könnte.

Ich wüsste nicht, dass mir eine mathematische Formel jemals Bewunderung abgenötigt oder Furcht eingeflößt hätte. Aber als ich die Boolesche Formel sah, war es genau das: ein Gefühl von Ehrfurcht, als ob da ein kleiner, schwarzlackierter Meteor in den Vorgarten eingeschlagen sei. Ein Fremdkörper, so abweisend wie anziehend zugleich. Tatsächlich war das Erste, was ich beim Näherkommen sah: das eigene Spiegelbild. Die Oberfläche selbst war kalt, nur dass man, wenn man sie berührte, auf den Handinnenflächen eine leichte Vibration, einen unhörbaren Klang spüren konnte.

$X = X^n$

Die Studenten, denen ich die Formel ans Whiteboard male, schauen irritiert – als ob man sie mit ugaritischen Schriftzeichen, nicht aber mit ihrer Gegenwart konfrontierte. Tatsächlich erscheint die Gleichung geradezu widersinnig. Wie kann eine Einheit zugleich ein Vielfaches ihrer selbst sein? Hat sich hier nicht ein kleiner Schreibfehler eingeschlichen? War in Wahrheit nicht etwas ganz anderes gemeint, nämlich die Identitätsversicherung des $x = x$? Nein, die Formel, die Boole in seinen »Laws of

Thought«, in der Mitte des 19. Jahrhunderts, notiert hat, war genau so gemeint – ein Paradox, das unsere Grundannahmen über uns, unsere Dingwelt und unser Denken erschüttert. Das Sonderbare aber ist: Schaut man sich die Herleitung der Formel an, begreift man, dass man sie schon immer gekannt hat. Eine Null mit sich selbst multipliziert ergibt Null, eine Eins mit sich selbst multipliziert läuft immer auf Eins hinaus. Formalisiert ergibt dies $x = x^n$. Nun trifft diese Formel nur auf die Null und die Eins zu – die »Königszahlen der Mathematik«, wie der Physiker Ernst Schrödinger sie genannt hat. Allerdings unterscheidet sich die Art, wie Boole sie benutzt, radikal von dem, wie die Mathematik sie bis dato begriff. Denn die 0 und die 1 lassen sich nicht mehr als Quantitäten auffassen, sondern stellen eine Matrix dar, die all unsere Notationssysteme in sich aufzunehmen vermag. Wenn der Buchstabe A im ASCII-Code als Nummer 65 festgehalten wird, die Zahl 65 in binärer Notation wiederum als 00 010 001 notiert wird, sehen wir, dass jedes Zeichen als Maske eines anderen Zeichens fungiert. Und alles geht auf die Logik des $x = x^n$ zurück, die Grundformel unserer digitalen Kultur.

Als ich diese Formel das erste Mal sah, war mein erster Impuls, vielleicht der eigenen Spiegelung wegen, das x persönlich zu nehmen. Plötzlich standen da lauter merkwürdige Ableitungen im Raum: Ich bin viele. Ich bin ein Genpool meiner selbst. Ich bin überflüssig. Mag nicht jeder, so wie ich, diese Proliferationsdrohung auf das eigene Selbst beziehen (die Studenten jedenfalls schauen noch immer skeptisch), so ist unbestreitbar, dass sie sich auf alle digitalisierten Objekte erstreckt. Jedes digitalisierte Bild, jedes digitalisierte Musikstück ist beliebig kopierbar; es gibt keinen Unterschied zwischen Original und Kopie; folglich wird auch die Idee eines Originals hinfällig. Bezieht man dies auf die ökonomische Lehre, die von der Knappheit der Güter ausgeht, begreift man, dass hier eine Logik einschlägt, die in der Weltgeschichte ohne Beispiel ist: die Lehre nämlich von der Überflüssigkeit der Güter. In Anbetracht der grenzenlosen Vervielfältigung wird die Vorstellung eines Dinges, als eines in sich abgeschlossenen und endlichen Produkts, hinfällig – so überkommen wie die Vorstellung, dass wir es mit begrenzten Ressourcen zu tun haben. Mit dieser Formel im Gepäck betreten wir das Land der unbegrenzten Möglichkeiten, ein fantastisches Eldorado, in dem das Material nicht mehr ermüdet, sondern immer neu, immergrün sich zu regenerieren vermag. Mehr noch: Weil es in dieser Welt keinen Mangel gibt, sondern die Dinge sich ins Unendliche zu vervielfältigen scheinen, entsteht die Notwendigkeit, so etwas wie einen künstlichen Mangel einzuführen, eine Aufmerksamkeitsökonomie, die den Overkill an Information reduziert.

Wie die Ehrfurcht, in der Schrecken und Bewunderung sich zu einer merkwürdigen Doppelempfindung zusammenfinden, hat die Boolesche Formel ein Doppelgesicht. Bedeutet sie einerseits die Verheißung unendlichen Reichtums, so kann man sie ebenso gut auch als Entwertungsdrohung auffassen. Man muss nur den Umstand in den Blick nehmen, dass jedes x fortan auch mit seiner eigenen Überflüssigkeit konfrontiert ist. Dafür, dass ein jedes Ding seine eigene Unendlichkeit in sich trägt, ist ein Preis zu entrichten: die Preisgabe nämlich seiner Unverwechselbarkeit. Dies betrifft vor allem das Kunstwerk, das in Verlängerung des mittelalterlichen Reliquienkults seine Aura aus seiner Einmaligkeit herleitet. Ein digitales, beliebig zu vervielfältigendes Kunstwerk ist ein Widerspruch in sich selbst. Hat man es einmal in diesen Aggregatzustand überführt, so wird es von innen her aufgezehrt. So besehen wirkt die Boolesche Formel wie ein Reaktor, der das atomisierte Objekt in den Zustand der Kernschmelze bringt und seinen Gehalt verglühen lässt. Weil die Boolesche Formel mit all unseren Vorstellungen darüber, was einen Wert darstellt, kollidiert, ist es kein Zufall, dass sie den überkommenen Vorstellungen individueller Urheberschaft den Garaus macht. Denn bringt sich jemand in den Besitz eines digitalen Produktes, so vermag er damit zu arbeiten, als ob er selbst der Urheber wäre. Oder er sampelt, mixt oder morpht, bis sich die Spur individueller Urheberschaft überhaupt verflüchtigt hat.

War jeder dieser Gedanken für sich genommen schon eine Art Erschütterung, bedeuteten sie in ihrer Gesamtheit, als Kettenreaktion begriffen, eine Art Weltverrückung – als ob sich mein Denken von innen nach außen gestülpt hätte. Nicht nur, dass es mit dieser Formel im Kopf undenkbar war, sich noch an der Idee eines Kunstwerks, der klassischen Künstlerschaft aufzuhängen, darüber hinaus erschien mir dieses Geistesgebilde wie eine Art Reaktor, der sich von Jahr zu Jahr immer größere Teile der Welt einverleibte.

F: Du meinst, das ist kein Meteor, sondern ein Kraftwerk.

A: Ja, gewiss. Die Vorstellung des Fremdkörpers, der aus dem Nichts in unser Denken einschlägt, ist eine Hilfskonstruktion. Denn selbstverständlich handelt es sich nicht um die Invasion einer extraterrestrischen Intelligenz, sondern um Menschenwerk, also um Gedankenfiguren, die unserer eigenen Kultur entspringen.

F: Aber wenn das so ist, weshalb der Umweg? Weshalb hältst du dich mit Metaphern auf?

A: Weil die Art und Weise, wie unsere Kultur sich verwandelt, mehr mit einem unbewussten als mit einem bewussten Akt zu tun hat. Das beginnt schon mit dieser Formel, die fünfzig Jahre in den Bibliotheken vor sich hin dämmerte, bis sie dann, über den Umweg der Philosophie, Eingang in unser Denken gefunden hat. Aber eben nicht in dieser klaren und kristallinen Form, sondern als verpanschte Handlungsanweisung, von der man nicht weiß, wer sie eigentlich in die Welt gesetzt hat. Ich bin bislang noch niemandem begegnet, der sie kannte. Als ich sie sah, dachte ich, dass sie von einer ähnlichen Bedeutung ist wie das Einsteinsche $E = m * c^2$.

F: Aber wenn man programmiert, ist man doch fortwährend mit den *Booleans* konfrontiert, also diesem Datentyp, der entweder TRUE oder FALSE ist.

A: Wir rechnen mit den Ableitungen der Booleschen Logik, aber in Wahrheit ist uns dieses Fundament so dunkel wie der Ursprung der Null. Das, und nur das ist der Grund, warum ich die Science-Fiction bemühe. Zwar begegnen wir hier einem durchaus nachvollziehbaren, rationalen Gedanken, aber diese Begegnung gestaltet sich doch eher wie eine unheimliche Begegnung der Dritten Art. Eine extraterrestrische Sonde, die in unser Denken einschlägt.

F: Trotzdem. Ich kann mir nichts Logischeres vorstellen als eine Programmiersprache. Da ist nichts, absolut nichts Dunkles daran.

A: Aber nur solange du an die Märchen glaubst, die wir uns darüber erzählen.

F: Was ist daran schon märchenhaft?

DAS ZITTERN DER MÖNCHE

In meiner Vorstellung habe ich ein Feld im Norden Frankreichs vor mir. Gut sechshundert Mönche haben sich hier zu einem Kreis von mehreren hundert Metern Durchmesser formiert und einander mit Eisendraht verkabelt. Als der Kreis geschlossen ist, berührt der Versuchsleiter eine Antenne, die aus einem wassergefüllten Behälter herausragt. Und was passiert? Alle Mönche beginnen zu zucken. Mutet dieses Setting wie ein merkwürdiges Ritual, eine spiritistische Séance im Großformat an, so handelt es sich doch um eine klassische, cartesianische Versuchsanordnung. Man hatte mit der Leydener Flasche den Kondensator entdeckt und wollte nun wissen, wie schnell sich das elektrische Fluidum bewegt (wie man den dingfest gemachten Geist in der Flasche getauft hatte). Die naheliegende Mutmaßung war, dass man mit dem Auge würde sehen können, wie sich die ominöse Flüssigkeit von einem Mönch zum anderen fortbewegen würde – der Erregungswelle vergleichbar, die wir aus unseren Fußballstadien kennen. Das Versuchsergebnis jedoch widersprach dieser Annahme: Das elektrische Fluidum war so schnell, dass die Betrachter keinerlei Zeitversatz entdecken konnten. Alle Mönche begannen, mit einem Schlag, gleichzeitig zu zucken. Kann man diesem Versuch die steile These entnehmen, dass das Internet im Jahr 1746 in die Welt geraten ist, so liegt in dieser abstrus anmutenden Behauptung doch ein wichtiger Kern. Denn die gleichgeschalteten, zuckenden Mönche führen nicht bloß vor, dass es zwischen dem Raumpunkt A und dem Raumpunkt B keinen Zeitversatz gibt – was das Charakteristikum eines Prozessors ist –, sie stellen auch so etwas wie eine ursprüngliche Gesellschaftsform unseres Internetzeitalters dar. In dieser Formation sitzt der Einzelne nicht allein vor seinem Desktop-Computer, sondern ist ein leitender Teil der Gesellschaftsmaschinerie selbst. Diese Gesellschaftsmaschine wiederum ist keine Metapher, sondern eine physikalische Einheit – eine Einheit, die einen Begriff von Gesellschaft in die Welt setzt, der ohne historisches Vorbild ist. Tatsächlich ist es keinesfalls falsch, hier von einem »Humanprozessor« zu sprechen, einem Kollektivgebilde, in dem sich der Einzelne einer allgemeinen Erregung unterwirft. Bildet diese Gesellschaftsformation einerseits die technische Matrix aller Netzwerke, die sich in der Folge herausbilden (von der Telegrafie zur Telefonie bis hin zu den sozialen Netzwerken des Internetzeitalters), erzählt sie andererseits von jener Sehnsucht, die die Moderne begleitet: über den eigenen Körper hinauszugehen, sich mit Lichtgeschwindigkeit voranbewegen zu können. Mit der Stofflichkeit des elektrischen Fluidums kommt jene Dimension hinzu, die der Booleschen Logik fehlt. Wenn Boole behauptete, dass seine

Eins das Universum repräsentiert, so gewinnt diese Behauptung erst mit der Elektrizität ihre volle Bedeutung: denn nun kann das Zucken meines Fingers, wie jedes elektrische Zeichen, bis ans Ende der Welt teleportiert werden, und zwar in Lichtgeschwindigkeit. Erzählt man die Geschichte der modernen Vernetzung vor der Folie dieses »Humanprozessors«, wird sie als eine Abfolge körperlicher Entgrenzungen sichtbar: von der Telegrafie, dem Radio, Fernsehen zu den Satellitensystemen, schlussendlich zum Netz, das alles vereint. Diese Weiterungsbewegung bezeugt nicht bloß eine Vergrößerung des Wirkungsradius, sie zeigt vor allem, dass das Netz sukzessive immer mehr Sinne aufnimmt. Vom Text zum Klang zum Bild – bis hin zur interaktiven Fernsteuerung. Und eigentlich ist diese Weiterung schon im Bild der zuckenden Mönche enthalten – der Tatsache nämlich, dass der ganze Körper des Menschen zum Zeichen wird. Darin liegt die andere, große Revolution, die mit der Moderne einhergeht, die wir aber, weil uns diese Medien schon so lange zur Verfügung stehen, als solche gar nicht wahrnehmen. Denn während in unserer alten Schriftordnung die alphabetischen Lettern von dem, was sie bezeichneten, fein säuberlich getrennt waren, fallen die beiden Ebenen heute zusammen. Wenn eine Kamera mich aufzeichnet, verwandele ich mich zum Ganzkörperzeichen. Meine Stimme, mein Gesicht, meine Körpersprache, das, was ich sagen will und das, was mir im Sagen als unbewusste Geste entschlüpft: Alles wird aufgezeichnet. Und folglich: zum Zeichen. Das ist die Revolution: Alles, was elektrifizierbar ist, wird zur Schrift. Wenn Futuristen vom Schlage eines Ray Kurzweil das Verschwinden der materiellen Computer prognostizieren und darauf hinweisen, dass wir selbst zu Computern werden, so ist dies keine Entwicklung, die uns erst noch bevorsteht, sondern längst schon passiert.

F: Ich verstehe, was du meinst: Kino, Radio, Performance. Das, was man heute transmedial nennt. Aber trotzdem weiß ich nicht, was wirklich neu daran ist.

A: Das Neue erschließt sich nur, wenn wir all diese Dinge nicht gesondert, sondern im Zusammenhang denken: als eine Form der elektromagnetischen Schrift, die unsere überkommene alphabetische Schriftordnung ablösen wird.

F: Dann schreibe ich halt mit einem Computer und bastele mir da meine Powerpoint-Präsentation zusammen, aber trotzdem bleibt es doch Schrieb.

A: Aber bei diesem Schreibakt wird auch das mit aufgezeichnet, was dir entschlüpft, die Lüge, der Versprecher, die Fehlleistung. Das Stocken in deiner Stimme, wenn du das Rotlicht der Kamera aufblinken siehst. Es ist kein Zufall, dass Freud sein Unbewusstes als große elektromagnetische Schreibapparatur entworfen hat.

F: Du willst also auf das Unbewusste hinaus.

A: Aber nur als Metapher, als Hinweis darauf, dass mit der elektromagnetischen Schrift Dinge in unser Blickfeld geraten, die sich unserer unmittelbaren Sinneserfahrung entziehen. Nachtsichtgeräte, Seismografen, Elektronenmikroskope, all diese Geräte verwandeln die ganze Welt in einen Schriftkörper. Ob wir nun die Bewegungsprofile von Eisbären aufzeichnen oder den Aufprall eines Protons im Teilchenbeschleuniger – mit dem Akt der Aufzeichnung wird es zur Schrift. Das bedeutet keineswegs, dass wir diese Schriftzeichen verstehen. Vieles von dem wird uns so rätselhaft vorkommen wie das Enzephalogramm unseres Gehirns oder der Ursprung der Dunklen Materie.

F: Wenn ich mich recht erinnere, hält man nicht nur die Bewegungsprofile von Eisbären auf, sondern auch, wo du und ich sich herumgetrieben haben. Und passt den Herrn nicht, was wir so tun, so können sie uns jederzeit mit einer kleinen Drohne das Licht ausknipsen.

A: Damit berühren wir eine Dimension, die vielleicht am verstörendsten ist. Denn mit der elektromagnetischen Schrift fallen Handlung und Beschreibung, Theorie und Praxis zusammen. Deshalb spreche ich davon, dass wir uns als Ganzkörperzeichen und unsere Gesellschaft als »Humanprozessor« auffassen müssen.

F: Wenn du sagst, dass alles, was elektrifiziert werden kann, zur Schrift wird, so bestünde die perfekte Schrift doch darin, dass wir mit unseren Gedanken zu schreiben beginnen.

A: Die Nutzung der Hirntätigkeit zur Steuerung von Geräten, aber auch von anderen Lebewesen, ist eine Praxis, die schon in naher Zukunft in unser Leben Einzug halten wird. In ihren psychologischen Auswirkungen aber können wir das gar nicht ermessen. Wenn das, was wir denken, schon dadurch, dass wir es denken, zu einem Befehl wird.

F: Wenn Blicke töten könnten …

A: Gerade deswegen ist es so wichtig, sich über das eigene Denken, aber auch über unser Schriftsystem Rechenschaft abzulegen. Denn das ist keine Frage mehr, die irgendwelchen Philologen vorbehalten sein wird, sondern etwas durchaus Existenzielles: eine Frage von Leben und Tod, wenn du so willst.

POLITIK

Ich schaue amerikanisches Fernsehen. Ein Mann namens Gerald Celente, den der Interviewer als Leiter des »Trend Journals«, aka Dr. Doom, aka »Martial Artist of Trend Forecasting« ausweist, schickt sich an, die Trends des kommenden Jahres zu prognostizieren. Krieg, sagt er, läge im Trend, und ja, die nächste Finanzkrise sei unausweichlich. Und während sich Dr. Doom mit näselnder Stimme in eine immer größere Erregung hineinredet, frage ich mich, woher der Futurologe seine Gewissheit bezieht. Der Philosoph Kant hat auf die selbstgestellte Frage, ob Geschichte a priori möglich sei, geantwortet: Ja, wenn der Wahrsager das, was er voraussagt, im Vorhinein bereits bewerkstelligt hat. In dieser Perspektive liegt die Zukunft, die wir voraussagen können, längst hinter uns. Demgemäß ist die Prognose kein prophetischer Akt, sondern nur die Freilegung einer verborgenen Realität: die Entdeckung einer Zeitbombe, die tickt, deren Zeit aber noch nicht abgelaufen ist. Nur dass ein gedanklicher Sprengsatz nicht entschärft werden kann, sondern in dem Augenblick, da er ans Tageslicht tritt, unweigerlich zündet.

ZEITBOMBEN

Als der Computerpionier Alan Turing in den vierziger Jahren für den britischen Secret Service zu arbeiten begann, verstand man unter »Computern« noch keine Maschinen, sondern die jungen Frauen, die in den

Gebäudekomplexen des Secret Service arbeiteten. Angeleitet von Kryptographen wie Turing, bestand ihre Aufgabe darin, kleine und repetitive Rechenaufgaben zu lösen. Ziel der Gesamtunternehmung war, den Code der *Enigma* zu knacken, jener Chiffriermaschine, mit der die deutschen U-Boote ihre Funksprüche verschlüsselten. Weil der Verschlüsselungsalgorithmus komplex war, hatte man zur Entschlüsselung eine regelrechte Computer-Armee rekrutieren müssen. Zeitweilig waren in Bletchley Park, dem Sitz der *Government Code and Cypher School*, etwa 20 000 dieser Computer genannten Hilfskräfte tätig. Auch der Begriff der Software hat in diesem Umfeld seinen Ursprung. Ursprünglich waren damit die Produkte der weiblichen Computerschar gemeint: kleine Pappkärtchen, auf denen die kryptographischen Schlüssel verzeichnet wurden. Damit sie (und dies erklärt die Wortprägung) im Falle der Versenkung des U-Boots und einer anschließenden Bergung nicht dem Feind in die Hände fielen, waren diese Pappkärtchen wasserlöslich gemacht worden. Software: wasserlöslich gemachtes Papier.

In diesem mit rudimentären Mitteln geführten Informationskrieg war es nicht verwunderlich, dass man das Entschlüsselungs-Gerät, das Alan Turing in Zusammenarbeit mit dem Mathematiker Welchman in die Welt setzte, als »Bombe« bezeichnete. Diese Bombe schlug gleich im doppelten Sinne ein: Hatte die Massierung von Rechenkraft zur Folge, dass sich der U-Boot-Krieg langsam zugunsten der Alliierten neigte, machte er die Arbeit der *big room girls* überflüssig. Schon ein Jahrhundert zuvor hatte der von Turing hoch verehrte Charles Babbage mit seiner Analytischen Maschine vorgeführt, dass eine einzige Maschine Tausende von Mathematikern, die bislang mit der Berechnung astronomischer Kurven befasst waren, einzusparen vermochte.

Vielleicht ist dies eine der präzisesten Beschreibungen unserer Computerkultur: dass wir hier einer Maschine gegenüberstehen, die uns lehrt, in Populationen zu denken, im Weltmaßstab. Mag es in der Vita des Computerpioniers eine Randnotiz sein (wie die Erfindung des Fahrtenschreibers oder der Lichttechnik im Theater), so ist das Detail, dass das Geschäftsmodell der ersten Lebensversicherung (der *Gothaer Lebensversicherung*) auf einen Entwurf Babbages zurückgeht, ein beredter Hinweis darauf, dass man es nicht bloß mit einem mathematischen, sondern einem sozialen Kalkül zu tun hat. Dieses soziale Kalkül zieht sich wie ein roter Faden durch die Geschichte des Computers. So kam die Lochkartentechnologie, die der amerikanische Ingenieur Herman Hollerith im Jahr 1890 perfektionierte, bei der ersten großen amerikanischen Volkszählung zum Einsatz. Hollerith war seinerseits auf die Idee verfallen, als er die sogenannten Lochkartenfotografien sah, die die Schaffner der großen Eisenbahngesellschaften nutzten. Damit ein Fahrgast keine Gelegenheit finden sollte, sie einem blinden Passagier zuzustecken, wurden die Karten an bestimmten Stellen gelocht, die wiederum bestimmte Körpermerkmale des Trägers bezeichneten, wie Geschlecht, Haarfarbe, Bart usw. Dieses Prinzip, das Hollerith auf den amerikanischen Zensus übertrug, zerlegte jeden amerikanischen Bürger in distinkte Merkmale. So effektiv war das Verfahren, dass sich mit nur dreiundvierzig seiner Maschinen in vier Monaten eine Volkszählung abwickeln ließ.

Im Jahr 1911 wurde Holleriths *Tabulating Machine Company* von Thomas Watson übernommen, der sie mit einem präzisen Instinkt für den Herrschaftsanspruch der Maschine gleich *International Business Machines* (IBM) taufte. Allerdings schreckte Watson bei der Internationalisierung des Konzerns nicht davor zurück, seine Maschinen als Massenvernichtungswaffen zweckentfremden zu lassen. Über die DEHOMAG, die deutsche Tochtergesellschaft der IBM, wurden die Lochkartenmaschinen genutzt, um die deutsche Bevölkerungsstruktur zu kartieren. Wenn die Firmengeschichte der IBM berichtet, dass die Datenverarbeitung mit der Großdeutschen Volkszählung 1939 ihren ersten »spektakulären Höhepunkt« erlebte, so vergisst sie zu erwähnen, dass der eigentliche Zweck dieser Big-Data-Operation darin bestand, die genaue Anzahl von Juden pro Quadratkilometer festzuhalten. Wie man weiß, blieb es nicht bei der

Markierung des Andersseins. Die Selektion an der Rampe beendete in gewissem Sinn, was bereits mit der Lochkarte vorweggenommen worden war.

Die Nähe zur Bombe und zum Massenvernichtungsmittel bleibt auch in der Folgezeit ein steter Begleiter der digitalen Logik. So schrieb Vannevar Bush, der als wissenschaftlicher Leiter das *Manhattan-Project* koordiniert und dabei Tausende von Wissenschaftlern zum Bau der ersten Atombombe geführt hatte, nach der erfolgreichen Beendigung dieser Mission einen Aufsatz, der die soziale Problematik eines solch gigantischen Unterfangens reflektiert. Dieser Aufsatz, der fast zeitgleich mit dem Abwurf der Bombe im »Atlantic Monthly« erschien und »As we may think« betitelt ist, beschreibt die gedankliche Wieder-Zusammenführung jener sozialen Zergliederung, die mit dem auf viele Köpfe verteilten Spezialistenwissen einhergeht. Allerdings entwarf der Autor hier nicht die Reprise jener Enklave, wie sie in Los Alamos bereits Wirklichkeit geworden war, sondern ließ vor dem Auge des Lesers die Vision eines vernetzten Desktop-Computers entstehen: eine Maschine, die es ermöglicht, kollektives Wissen zu bündeln.

Hätte man diese Vision im Kontext des Weltkrieges als Bombe gedeutet, inspirierte sie andere Denker, die von der Vorgeschichte des Verfassers nichts wussten, zur Idee eines friedlichen Netzes. Freilich entbehrt es nicht einer gewissen Ironie, dass die Entwicklung eines solchen Netzes gerade deswegen befördert wurde, weil man die Auswirkungen eines möglichen Wasserstoffbomben-Abwurfs durch die Sowjets einhegen wollte. Die Problematik, die zur Gründung des Arpanet führte (dem militärischen Vorläufer des Internet), war wie folgt: Bei der Explosion einer Atombombe kommt es zu einer massiven Freisetzung elektromagnetischer Strahlung. Diese wiederum führt dazu, dass weder Motoren noch anderes elektrisches Gerät (wie Telefone, Funkgeräte oder dergleichen) noch funktionsfähig sind. Ein Atombombenabwurf hätte mithin nicht nur die Zerstörung eines Landstriches, sondern auch einen Kommunikations-Blackout zur Folge: Die Regierung wäre einfach nicht darüber informiert, gerade einer tödlichen Attacke ausgesetzt worden zu sein. Um diesen Blackout zu verhindern, verfiel man auf den Gedanken, dass man auch im Falle eines partiell ausfallenden Kommunikationsnetzes die funktionsfähigen Fäden nutzen könnte, um den Regierungssitz zu erreichen. Da analoge Signale schon nach wenigen Kopierprozessen im Rauschen untergehen, war an eine analoge Signalübertragung nicht zu denken – das Netz musste digital organisiert sein. In digitaler, also beliebig kopierbarer Form, würden sich die Signale beliebig oft hin- und herschicken lassen, nur so bestünde eine realistische Chance, die verbliebenen Kommunikationsfäden zur Nachrichtenübertragung zu nutzen.

Soweit die Theorie. Der mit der praktischen Gestaltung dieses Netzes beauftragte Ingenieur, Paul Baran, sah sich jedoch einer weiteren, sozialen Problematik gegenüber. Die Aufgabe nämlich, die Kommandostrukturen des Militärs abzubilden, erwies sich als unlösbar: Im Verlauf des Zweiten Weltkriegs, aber auch des Koreakriegs war das Militär zu einem solchen Moloch herangewachsen, dass es schier unmöglich war, hier eine sinnvolle Kommunikationsstruktur zu extrahieren. Weil der Blackout in der wuchernden Organisationsform des Militärs also längst Tatsache war, war Barans Antwort eine Form des informationellen Overkills: den Militärs so viel Bandbreite zu geben, dass sie niemals ausschöpfen könnten, was ihnen damit gegeben war. Und eben dieses Surplus sollte zur Gründung des Internets führen.

F: Ich hab's gewusst.

A: Was hast du gewusst?

F: Dass all das eine riesige Verarsche ist, dieses ganze Gerede von der neuen Freiheit. Am Ende hast du diese Kontrollmaschine, die alles überwacht. Darum geht's doch, dass man die Massen mit einer Massenvernichtungswaffe in Schach hält.

A: Du redest von *Prism*?

F: Oder von *Tempora*, oder wie immer das heißt. Diese ganze Big-Data-Architektur ist doch im Großmaßstab, was der Hollerith mit seiner Lochkartenfotografie angerichtet hat!

A: Damit unterstellst du aber einen Plan, der in der Geschichte selbst nicht angelegt ist.

F: Du meinst, die haben das nicht geplant?

A: Ich meine, dass der Appetit beim Essen kommt. Gibt es eine Technologie, so wird sie genutzt – aber das ist Opportunismus, keine Planung. Natürlich wäre es naiv, diese Kontrollmöglichkeiten zu leugnen. Ich habe ja ausdrücklich die dunklen Seiten dieses »Denkens in Populationen« in den Blick genommen. Und der Holocaust, als Informationskrieg begriffen, ist gewiss das grausigste Menetekel dafür, was eine gewissenlose Regierung mit Daten anstellen kann.

F: Das waren Lochkarten, wohlgemerkt!

A: Ja. Du hast recht. Und du hättest auch recht, wenn du darauf hinwiesest, dass die Big-Data-Techniken noch in den Kinderschuhen stecken. Das Wissen – und damit die Macht, die sich über Menschen erringen lässt – kann riesengroß werden. Du kannst die jährlichen Bewegungsprofile eines ganzen Volkes auf einem Computerstick aufzeichnen. In diesem Sinne hast nicht nur du einen Life Companion in deiner Tasche, sondern kann auch jemand anderer dich in die Tasche stecken.

F: Das ist doch der Wahnsinn!

A: Andererseits glaube ich, dass das digitale Zeichen, gerade weil es grenzenlos ist, letztlich zur Abschaffung des Nationalstaats beitragen wird.

F: Woher nimmst du bloß deinen Optimismus?

A: Schlag eine Zeitung auf und du wirst lesen, dass die Firma X oder Y ihre Einkünfte in einem Offshore-Paradies gebunkert hat, man den Staat also nicht an den Einkünften teilhaben lassen möchte. Nicht nur die Steuerflucht, auch die Globalisierung schwächt die Staaten enorm. Von den Alimentierungsansprüchen der eigenen Bürger, aber auch von versiegenden Steuerquellen unter Druck gesetzt, verlieren sie Jahr um Jahr an Handlungsmacht.

F: Überzeugt mich nicht, ehrlich gesagt. Mir erscheinen die Staaten mächtiger denn je.

A: In der Biologie gibt es das Phänomen der Geiltriebe. Da geraten Pflanzen, kurz bevor sie absterben, in einen Zustand geradezu krankhafter Wucherung hinein. So kommt es mir auch hier vor.

F: Du meinst, diese ganze Überwachungsgeschichte ist der Anfang vom Ende?

A: Nehmen wir als Vergleich die Situation der Kirche im Mittelalter. Die hatte plötzlich mit dem Geld, einem Fremdkörper ersten Ranges, zu schaffen. Das Geld untergrub die Glaubenslehre und brachte einen konkurrierenden, materialistischen Gott in die Welt. Natürlich hat man versucht, das Wucherwesen zu beschneiden, aber das war nicht sehr erfolgreich. So war man von der schieren Anzahl an Schuldnern und Gläubigern dazu genötigt, seinen Himmel umzubauen. Man hat einfach ein Zwischengeschoss eingezogen – das Fegefeuer, in dem die Wucherer ihre Sünden abarbeiten, nach vollbrachter Arbeit aber gen Himmel aufsteigen können. Noch später hat man sich kurzerhand auf die Seite des Geldes geschlagen und mit den Ablassbriefen aus der Vergebung der Sünden Kapital geschlagen. Aber das hat der Kirche letztlich einen Großteil ihrer Legitimität entzogen. Und genau so wird es auch jetzt sein.

F: Du meinst, da wird ein Luther kommen und die Staaten Mores lehren?

A: Kann sein, dass uns noch schreckliche Dinge bevorstehen – einfach weil die Machtfülle, die mit den Daten einhergeht, so groß ist. Wenn ich mir vorstelle, was möglich ist, wird mir ganz übel, denn man muss sich wirklich im Klaren sein, dass diese Werkzeuge, gegen Menschen in Stellung gebracht, zu Massenvernichtungsmitteln werden können. Und dieser Missbrauch müsste geächtet werden, wie der Einsatz der Atombombe geächtet worden ist. Historisch besehen aber wird das nicht auf den Triumph, sondern auf das Verschwinden des Nationalstaats hinauslaufen.

»VOLK OHNE RAUM«

Wohin kommen wir, wenn wir nicht die Idee des Nationalstaates, sondern das Bild der verkabelten Mönche als Matrix der modernen Gesellschaft auffassen? Zunächst nötigt diese Betrachtungsweise dazu, die Verfassung unserer Gesellschaft nicht bloß als Willenserklärung zu begreifen (die die Väter und Mütter unseres Grundgesetzes aus allgemein weltanschaulichen Prinzipien haben ableiten können), sondern auch als Ausdruck der jeweils herrschenden Kommunikationsmaschine. In der Mitte des 18. Jahrhunderts bildet sich der Keim dessen, was wir heute, meist abschätzig oder mit einem gewissen Unbehagen, »Massengesellschaft« nennen. Ihren ersten politischen Ausdruck fand dieses Gesellschaftsaggregat im allgemeinen Erregungszustand jener Volksmasse, die sich während der Französischen Revolution erstmals als Einheit begriff: Ein Herkules, der der Hydra des Ancien Régime die Köpfe abzuschlagen vermochte. Im Zuge der allgemeinen Mobilmachung, mit der Napoleon eine Volksarmee schuf und seinen *code civil* in ganz Europa verbreitete, nahm die Massengesellschaft Struktur an. War ihre Technologie im 18. Jahrhundert noch weitgehend von der Druckindustrie bestimmt, so kam im frühen 19. Jahrhundert die elektrische Telegrafie hinzu. Mit der Telegrafie wurden große Landstriche synchronisiert, wurde die Grundlage für jenen Geschwindigkeitsraum gelegt, der sich zunächst im Adernnetz der Eisenbahngleise, später in einem Straßen- und Kabelnetz, schließlich in einer Informations-Infrastruktur niederschlug. Mit jedem dieser Stadien formierten sich die zerstreuten Massen zu einer immer kompakteren, immer gleichförmigeren Einheit. Betrachten wir diese Entwicklung vor dem Bild unseres »Humanprozessors«, so sticht ins Auge, dass das elektrische Zeichen immer mehr Teile unseres Sinnesapparats absorbiert. Stellt die Telegrafie zu Anfang noch eine abstrakte Zeichensprache dar, vermag der Fernschreiber alphabetische Zeichen, bald auch Bilder und gerasterte Fotografien zu übertragen; mit der Telefonie und Radiofonie kommt die menschliche Stimme hinzu, mit dem Fernseher unser Gesicht. All dies konvergiert im Internet, das nicht nur die Sinne, sondern auch die verschiedenen Übertragungs-Architekturen vereint: die peer-to-peer-, die Broadcast- und die Archiv-Logik sowie das Moment der sozialen Verknüpfung. Im Internet haben wir die technische Einlösung dessen vor uns, was der »Humanprozessor« des Jahres 1746 nur als Vorschein zu liefern vermochte.

Ist der »Humanprozessor« das Strukturgesetz der modernen Gesellschaft, so artikuliert er sich doch in eher untergründiger Form. Betrachtet man die politischen Gebilde, die seit dem 18. Jahrhundert in die Welt geraten sind, stehen wir durchweg nationalstaatlich verfassten Massengesellschaften gegenüber. Nun ist schon der Begriff der »Nation« ein Rückfall, verleugnet er doch ein wesentliches Kennzeichen des modernen »Humanprozessors«: den Umstand, dass das elektrische Zeichen mühelos Ländergrenzen zu überwinden vermag, sich also, wie Kant dies genannt hat, in »weltbürgerlicher Absicht« voranbewegt. Weil man sich dessen ungeachtet zu nationalen Mythen verstieg, paarte sich die weltbürgerliche Entgrenzungslogik mit dem Geist der Nation. Schlug sich diese unheilige Allianz zuerst in den imperialen Machtgelüsten nieder, in deren Verfolgung sich die europäischen Nationen die ganze Welt untertan machten, beschwor die Entgrenzung unweigerlich jene geostrategischen Konflikte herauf, wie sie sich im Ersten Weltkrieg entluden. Den perversen Höhepunkt der allgemeinen Mobilmachungslogik freilich lieferte jenes Gebilde, das den Konflikt zwischen der Weltbürgerlichkeit und der Nation explodieren ließ: der Nationalsozialismus. Im Nationalsozialismus wird die Nation, die schon bei ihrer Prägung im 18. Jahrhundert eine Einbildung war, zu einer Religion ausgedehnt: Hier steht ein mythisches »Drittes Reich«, das in einer apokalyptischen Schlacht mit dem Erzfeind, dem »zersetzenden Weltjudentum«, um sein Überleben kämpft. Dieses imaginierte Weltjudentum trägt nicht zufällig die Signatur der Moderne selbst: Es ist das vaterlandslose Geldzeichen, das sich der öffentlichen Meinung und geheimer Machenschaften bedient, um den ehrlichen Landsmann unter das Joch der Zinsknechtschaft zu bringen. In der Gegenüberstellung von »heimischer Scholle« und »internationalem Weltjudentum« tritt der ursprüngliche Konflikt der modernen Massengesellschaft hervor – nur dass dieser Konflikt mit den avanciertesten Mitteln eben dieser Kommunikationsmaschine inszeniert wird. Dass die nationalsozialistische Propaganda, die sich zur Beschwörung der völkischen Einheit in geradezu religiös inszenierten Massenaufmärschen ergeht, in Hinsicht auf den Einsatz der Kommunikationsmaschine eine geradezu avantgardistische Rolle einnahm, ist vielleicht der größte Widerspruch, besagt er doch nichts anderes, als dass hier eine Form der politischen Schizophrenie waltet.

Gerade vor dem Hintergrund dieser zur Staatsdoktrin gewordenen Verschwörungstheorie ist die Frage zu stellen, wie politische Herrschaft in der Massengesellschaft gedacht werden kann. Auch hier ist das Bild unseres »Humanprozessors« überaus hilfreich. Im Setting dieses Versuches ist nicht nur die Formation der Massengesellschaft, sondern auch die dazugehörige Herrschaftsgeste zu erkennen: die Geste nämlich, mit der der Versuchsleiter die Antenne berührt und die Mönche in kollektive Zuckungen versetzt. Schließen wir dieses Phantasma der Gleichschaltung mit der Booleschen Formel kurz, so erkennen wir die Logik des $x = x^n$ wieder – also die Ausdehnung einer individuellen Willensbekundung zur Gesamtbewegung. Dass man mittels der Kommunikationsapparate die Puppen tanzen lassen kann, ist zwangsläufig die Fantasie eines jeden Gewaltherrschers. Allerdings übersieht dieser Herrschaftsanspruch, dass in und mit diesem Moment auch eine gegenläufige Bewegung eintritt. Indem der Herrscher diese Geste vollzieht, wird er selbst zum Teil der Massengesellschaft, ist es ihm selbst nicht mehr möglich, sich der kollektiven Bewegung noch zu entziehen. Diese Eingemeindung der Macht zeigt, dass die Vorstellung einer individuellen Herrschaft irrig ist. Nicht der Einzelne, sondern der »Humanprozessor« ist an der Macht.

Gehen wir einen Schritt weiter und fragen, wie es um das Verhältnis unserer Prozessoren zur politischen Macht bestellt ist. Wenn wir die Supercomputer der fünfziger oder sechziger Jahre ins Auge nehmen, so konnten diese raumgroßen Ungetüme nicht einmal die Rechenkraft eines heutigen Taschenrechners aufweisen. Erinnern wir uns, dass die bescheidenen Rechenbeschleunigungen von Babbage und Turing von ihrer Zeit als Bomben aufgefasst wurden, so hätte schon ein Kind, das ein Handy mit sich herumträgt, virtuell eine solche Bombe in der Tasche. Tatsächlich sind die Gebilde, mit denen wir umgehen, am präzisesten als Kollektivformen zu begreifen. Dies betrifft nicht nur die Hardware, sondern in einem sehr viel umfassenderen Sinne auch die Programme, mit denen wir arbeiten. Wenn jemand mit dem Eintippen von ein paar Codezeilen ein Linux-System installiert, so bringt er sich in den Besitz eines Kollektivgebildes, das zu erstellen die Leistungskraft ganzer Volkswirtschaften überfordern würde. Stellte man in einem Gedankenexperiment einem

Halbwüchsigen einen Fabrikherrn des 19. Jahrhunderts zur Seite, so würde letzterer fassungslos sein ob der Macht, die unsere Gesellschaft einem
noch dazu unmündigen Individuum in die Hände gibt. Besaß der Fabrik-
herr des 19. Jahrhunderts mit der Herrschaft über die Produktionsmittel
zugleich auch die unumschränkte Macht über die Arbeiterschar, so würde er für die auf Desktop-Größe zusammengeschrumpfte Fabrik weder
einen willigen Arbeitssklaven noch einen Kredit bekommen. Umgekehrt
kann derjenige, der sich das Betriebssystem des Kapitalismus aneignen
kann, mit einigem Geschick eine Produktivität entfalten, die weit über
alles hinausgeht, was einem Einzelnen je zuvor möglich war. Dass wir als
Zeitgenossen kein Sensorium für diese enorme Aufrüstung des Einzelnen entwickelt haben, liegt daran, dass uns in dem Maße, in dem wir uns
vergesellschaftet haben, unsererseits Konkurrenten zugewachsen sind.
Dennoch führen uns die Geschichten, die wir uns vom märchenhaften
Aufstieg der Jobs, Gates und Zuckerbergs erzählen, im Grunde ein und
dasselbe Märchen vor: wie sich ein Einzelner zu einem Kollektivgebilde,
zu einem sozialen Netzwerk verwandelt.

Der Nationalstaat, so wie wir ihn kennen, ist ein Zombie der Geschichte. Die sich ins Unermessliche auftürmenden Staatsschulden, ebenso wie
die sich häufenden Staatsbankrotte, sind Menetekel seiner düsteren Zukunft. Dabei ist dies nicht so sehr der Unfähigkeit unserer Politikern an-
zulasten, als vielmehr ein historisches Dilemma. Denn in einer Welt, in
der sich die Zeichen in weltbürgerlicher Absicht voranbewegen, kann die
Vorstellung einer nationalstaatlichen Einheit, in deren innere Angelegen-
heiten man tunlichst nicht eingreifen sollte, nur auf die Aufrechterhaltung
eines Phantoms hinauslaufen. Tatsächlich hat schon die Globalisierung
(die wir als eine Fortsetzung der allgemeinen Mobilmachung mit friedlichen Mitteln auffassen können) dazu geführt, dass auf jedem noch so ab-
gelegenen Punkt das Gewicht der ganzen Welt lastet, mit dem Effekt, dass
Arbeit und Kapital dorthin wandern, wo ihnen die geringsten Sozialkos-
ten auferlegt werden. Dies aber erschwert die Situation ungemein. Denn

der Nationalstaat ist nicht nur mit seiner schwindenden Macht, sondern noch dazu mit der Verlegenheit konfrontiert, für die sozialen Kosten der Umwälzung allein aufkommen zu müssen. So werden die Grenzen immer poröser, während im Innern der Druck steigt – eine Entwicklung, die letztlich auf eine Form der Paralyse hinauslaufen muss.

Andererseits ist es hoch unwahrscheinlich, dass der Nationalstaat einer Weltregierung Platz machen wird. Schon das Schicksal Europas, dessen Politiker lange an der Überwindung der nationalstaatlichen Animositäten gearbeitet haben, lässt befürchten, dass das gemeinsame Herzensanliegen nicht einmal einen Banken-Stresstest zu überstehen vermag. Stattdessen tauchen allüberall jene nationalstaatlichen Gespenster auf, die man schon für überwunden geglaubt hatte. Paradoxer noch: Gerade in dem Maße, in dem der Nationalstaat an Souveränität verliert, ist man verleitet, den Verlust an faktischem Handlungsspielraum durch Symbolpolitik zu ersetzen.

Damit aber setzt sich die Aushöhlung fort, die sich mit der Entwicklung der Bombe angekündigt hat. Könnte man versucht sein, im Besitz eines solch letalen Objekts den Triumph staatlicher Macht zu sehen, so konfrontiert uns ein zweiter Blick doch mit einer anderen Lesart. Dazu muss man sich nur vorstellen, dass eine kleine Gruppe von Menschen sich in den Besitz eines solchen Dings gebracht hätte. Plötzlich wäre da so etwas wie ein Leviathan in Dingform, ein Volk ohne Raum. Und gerade in dem Maße, in dem die Besitzer keinerlei Rücksicht nähmen, besäßen sie die Macht, ganze Völker in Angst und Schrecken zu versetzen.

LOGIK DES TERRORS

F: Das ist Terror.

A: Wenn wir heute von asymmetrischen Kriegen reden, die gegen einen Feind gerichtet sind, der nicht in Erscheinung tritt, befinden wir uns im

Zentrum eines sehr viel tieferen Konflikts. Da geht es nicht um Terroristen, sondern um die Aufrechterhaltung eines Zustandes, der selbst nicht mehr haltbar ist. Man sieht doch, wohin das führt. Eine Gesellschaft, die überall Schläfer am Werk sieht, wird sich nicht scheuen, eine Überwachungsmaschinerie zu installieren, die ihre eigenen Grundlagen zerstört.

F: Aber im Grunde ist das nur logisch. Wenn alle Bomben sind, stellt jeder von uns eine Gefahr dar.

A: Schlimmer noch: Denn damit ist nicht nur ein »War on Terror«, sondern eine Art Bürgerkrieg ausgerufen, dessen einziger Sinn darin liegt, dass der Staat, dessen Grundlage entfallen ist, sich noch zu behaupten vermag.

F: Aber das ist ein Krieg, der gar nicht gewonnen werden kann.

A: Ja, gegen Gespenster zu kämpfen, ist ein aussichtsloses Unterfangen. Aber dass man es trotzdem versucht und darüber die Gespenster zum Leben erweckt, ist die wahre Katastrophe. Hier greift diese schreckliche Dialektik, die man schon im Nationalsozialismus hat beobachten können. Da erfindet man einen Feind, der für alle Unbilden verantwortlich ist, so wie man damals die jüdische Weltverschwörung, belegt durch die »Protokolle der Weisen von Zion«, für eine Tatsache gehalten und sich zum Genozid ermächtigt hat. Eigentlich ist die Geschichte dieses Manuskripts vielleicht die erhellendste Beschreibung unseres Dilemmas, denn sie zeigt, was passiert, wenn Verschwörungstheorien zur Staatsdoktrin werden.

F: Erzähl mal.

A: Ursprünglich stammte der Text von einem französischen Journalisten, Maurice Joly, der ihn unter dem Titel »Gespräche in der Hölle zwischen Montesquieu und Machiavelli« veröffentlicht hatte. Dabei ging es ihm darum, das Regierungsgebaren von Napoleon III. zu kritisieren, der als begnadeter Populist eine Art Brot-und-Spiele-Herrschaft errichtet hatte. Jolly also machte klar, dass Gewaltherrschaft in der Massengesellschaft auch auf indirekte Weise erfolgen könne. Man müsse seinen Feinden nicht gleich den Kopf abschlagen, es wäre schon damit getan, dass man die Presse manipuliere und die Macht des Geldes einsetze.

F: Klingt ziemlich modern.

A: Jolly beschrieb einfach, was Propaganda ist, also die Ersetzung der nackten Gewalt durch die Kraft der Verführung. Nachdem sein Verfasser einen Prozess gewärtigen musste, geriet der Text lange in Vergessenheit. Um 1895 herum, das war die Zeit, als Theodor Herzl die zionistische Bewegung ins Leben rief, fiel der Text einem Agenten der Ochrana, des zaristischen russischen Geheimdienstes, in die Hände. Wo immer das Original den Herrscher angesprochen hatte, setzte dieser Agent nun die Juden als Sündenböcke ein und behauptete anschließend, das Ganze sei die Mitschrift eines Weltverschwörungsplans, der während des jüdischen Weltkongresses ausgeheckt worden sei. Dieses Manuskript wiederum geriet in die Hände eines russischen Popen und Schriftstellers, Sergej Nilus, der die mutmaßlichen Protokolle an eines seiner antisemitischen Machwerke hängte. Bei den anschließenden Pogromen in Russland schlug die Insinuation der zionistischen Weltverschwörung schon voll durch. Aber das war nicht das Ende, bloß der Auftakt der Geschichte. Nach dem Ersten Weltkrieg brachten russische Emigranten den Text mit nach Europa, wo er zu zirkulieren begann und in mehrere Sprachen, auch ins Arabische übersetzt wurde. Zwar deckte die Londoner »Times« schon 1921 auf, dass es sich um eine Fälschung handelte, aber da hatte das Manuskript schon ein Eigenleben angenommen.

F: Hat nicht auch Henry Ford sich darauf berufen?

A: Ford machte in seinem »Ewigen Juden« einen Konflikt zwischen dem blutsaugerischen Kapital und der ehrlichen Arbeit daraus. Damit hatte das Ganze jenen ökonomischen Zungenschlag, der es für die Nazipropaganda so wirksam machte. Hitler, der damals im Gefängnis saß, hatte die Protokolle vom Reichspropagandisten Rosenberg zugespielt bekommen. Für ihn war die Lektüre geradezu eine Erleuchtung. Den Feind vor Augen breitete sich seine Apokalypse, sein ganzes Welterlösungs- und Weltvernichtungsprogramm vor ihm aus.

F: Du meinst, der ganze Holocaust geht letztlich auf diese Protokolle zurück?

A: Sie spielen eine fundamentale Rolle. – Trotzdem, wenn wir an den Anfang dieses Textes zurückgehen, sehen wir den zugrundeliegenden Konflikt, repräsentiert durch die beiden Gesprächspartner, die da in der Hölle der Moderne die Frage der modernen Machtausübung erörtern: Montesquieu, der Vater der Gewaltenteilung, derjenige, der die Legitimität der staatlichen Herrschaft vertritt, und Machiavelli, der Realpolitiker, der sich vor allem mit der Frage beschäftigt, wie der Fürst seine Herrschaft zu sichern vermag. Es ist kein Zufall, dass Jolly den Verfechter der Legitimität auf den Real-, nein eigentlich den Renaissancepolitiker treffen lässt. Das ist der Auftakt, die Frage, mit der die moderne Schizophrenie beginnt.

F: Entschuldigung, habe den Faden verloren. Wie sind wir denn jetzt darauf gekommen?

A: Es geht um die Frage, was passiert, wenn Prozesse, die eigentlich keinen Urheber mehr haben, plötzlich jemandem zur Last gelegt werden. Der psychologische Mechanismus ist verhängnisvoll. Wenn ich nämlich davon ausgehe, dass jemand auf eine abscheuliche, antihumane Weise gegen mich vorgeht, werde ich meinerseits keine Scheu haben, mich gleichfalls dieser Mittel zu bedienen – oder ich werde gleich präventiv tätig. Tatsächlich aber bin ich (da der Feind lediglich eine imaginierte Gestalt ist) der erste, der sich so verhält. Das ist genau der Sinn eines Satzes, den Carl Schmitt berühmt gemacht hat: *Der Feind ist unsere Frage in anderer Gestalt.* Indem ich mir einen Feind imaginiere, vollziehe ich, was ich beklage und dem anderen zur Last gelegt habe – und zwar, ohne dass ich dafür ein Gefühl von Verantwortung hegen muss. Ich komme mit dem, was ich tue, doch nur dem zuvor, was der andere mir antun will.

F: Und du meinst, das wird passieren.

A: Das ist doch jetzt schon der Fall. – Aber genau das ist der Grund, der uns bewegen sollte, uns nicht mit irgendwelchen imaginierten Feinden oder Verschwörungstheorien abzugeben, sondern uns den wirklichen Fragen zuzuwenden.

F: Und das wäre?

A: Wir selbst sind die Frage. Niemand sonst.

GELD

Was ist das für ein Wir, das sich postmodern, postnational und postdemokratisch gebärdet? Die Frage ist womöglich falsch gestellt, denn es scheint sehr viel wahrscheinlicher, dass sich der Gemeinsinn nicht so sehr an der allseits gefeierten nationalen Mythologie, als vielmehr am schnöden Mammon erhält. Oder wie Goethe es wunderbar zirkelschlüssig formuliert hat: *Am Gelde hängt, zum Gelde drängt doch alles.* Freilich: In dem Maß, in dem die Nation ihres Ordnungsrahmens verlustig gegangen ist, hat auch die Geldordnung ihre soziale Bindekraft verloren. Vielleicht ist dieser Befund die eigentliche Drohung. Denn wenn auch das Geld seine Bindekraft verliert, wer oder was sollte die Gesellschaft dann noch zusammenhalten? Unzweifelhaft gehen die Schockwellen, mit denen wir heute konfrontiert sind, auf Umwälzungen zurück, die sich vor langer Zeit abgespielt haben – und auch sie haben mit jenem Dämon der Digitalisierung zu tun, der vor einer Generation sein Haupt erhoben hat.

KLEBSTOFF DES SOZIALEN

Mit dem Beginn des Internetzeitalters, das unsere Computeruhren auf den 1. Januar 1970 datieren, ist das Geld grenzenlos geworden. Wird man mit historischem Abstand hier eine epochale Zäsur ansetzen, ist das Sonderbare, dass diese Umwälzung, die mit dem schönen Erholungsort Bretton Woods und Lord Keynes verknüpft ist (dem *spiritus rector* der Kon-

ferenz), in unserem kulturellen Gedächtnis kaum eine Spur hinterlassen
hat. Dabei war die Problematik, die die Staaten dazu brachte, die im Jahr
1944 in Bretton Woods skizzierte Geldordnung der Nachkriegszeit über
den Haufen zu werfen, eine monetäre, aber auch eine politische Revolution. Das Abkommen, das im Mount Washington Hotel in Bretton Woods
entworfen worden war, hatte den Dollar als Weltwährung auserkoren.
Um dieser Weltwährung Glaubwürdigkeit zu verschaffen (vor allem aber:
um den Währungskriegen der Zwischenkriegszeit ein Ende zu bereiten),
hatte man die Regel eingeführt, dass Staaten, die Dollar hielten, diese bei
der amerikanischen Zentralbank gegen Gold eintauschen konnten – eine
Regelung, die zum Bau jenes gigantischen Tresors in Fort Knox führte,
den man in James Bonds »Goldfinger«-Episode besichtigen kann. Mit
dieser Regelung war die Fantasie aufrechterhalten, dass Geld tatsächlich
einen realen Wert repräsentiert. Nun überstiegen die Dollarreserven, die
die europäischen Staaten im Laufe der Zeit angehäuft hatten, bei weitem
die in Fort Knox gelagerten Goldvorräte. Als die französische Regierung
Ende der sechziger Jahre verlangte, die von ihr gehaltenen Dollar in Gold
umzutauschen, war klar, dass das System nicht mehr aufrechtzuerhalten
war. Dabei stand nicht nur das Phantom der Golddeckung, sondern die
monetäre Souveränität der Staaten überhaupt zur Debatte. Hatten sich
zuvor die Länder in bilateralen Verhandlungen auf feste Wechselkurse
verständigt (so gab es lange ein festes 4:1-Verhältnis zwischen DM und
Dollar), so wurde im Verlaufe mehrerer scheiternder Konferenzen klar,
dass dieses komplizierte Gleichgewicht nicht mehr funktionierte. Hatte
die Regierung Nixon eine Zeit lang glauben können, dass man das Kapital wie die heimischen Milchpreise kontrollieren konnte, so ließ man nun
jegliche Kontrolle fahren: Geld wurde zum frei flottierenden Zeichen, das
wie alle anderen Wirtschaftsgüter an den Börsen gehandelt wurde. Dieser
Prozess war keineswegs Resultat langer Planung, eher der Offenbarungs-
eid der alten Nationalökonomien, die aufgrund der wachsenden ökonomischen Verflechtung, aber auch durch die Heraufkunft einer neuen

postmateriellen Welt ihr Gold-Phantasma nicht länger aufrechterhalten konnten.

In der Befreiung vom Vater Staat wurde Geld zum ersten, weltumspannenden Digitalisat. In der neuen Grenzenlosigkeit konnten Träume gedeihen, die die alten haushälterischen Knappheitsgesetze einfach als gegenstandslos betrachteten. Geld wurde zum Über-Es, zur Instanz, an der man sich ausrichtete. Die Yuppie-Kultur der Achtziger war Ausdruck dieser neuen, libertären Religiosität. In dem Maße, in dem die Börsenkurse emporkletterten, gewann diese Kultur der behaupteten Effizienz an gesellschaftlicher Akzeptanz. Der Börsencrash des 19. Oktober 1987, der binnen Tagen ein Drittel des Weltvermögens zu Luft machte, zeigte freilich, dass man sich reich gerechnet hatte, vor allem führte er vor, wie tief die Geldwirtschaft unterdessen mit den digitalen Zeichen verwoben war. Ausschlaggebend für die horrenden Verluste war der Umstand, dass alle Börsenhändler dieselbe Software benutzten, eine Software, die bei bestimmten Kurssprüngen automatisch An- und Verkaufs-Akte auslöste. Unter gewöhnlichen Umständen (das heißt: in Anbetracht einer grundsätzlich optimistischen Weltsicht) bewirkte die Nutzung des Programms eine stetige Wertsteigerung (die nur zu einem kleinen Teil der Effizienzsteigerung geschuldet, zu einem weit größeren Teil aber auf den Feedback-Effekt der Maschine zurückzuführen war). Im Augenblick der Krise wirkte sie wie ein Brandbeschleuniger. Da alle Einzelsysteme bei einer bestimmten Verlustmarge eine Verkaufsorder abgaben, geriet das System binnen Stundenfrist in eine Abwärtsspirale hinein: einen sogenannten Flash-Crash, dem nur mit Schließung der Börse Einhalt zu gebieten war. Hätte dieser Tag Anlass sein können, über die Natur des Geldes im digitalen Zeitalter nachzudenken, war die Lektion doch bald vergessen. Das frei flottierende Kapital suchte nach neuen Anlageformen – und fand mit den feindlichen Übernahmen der frühen Neunziger ein neues Geschäftsmodell. Das Prinzip war simpel: Eine Gruppe von Investoren brachte sich durch Aktienkäufe in den Besitz eines unterbewerteten Unternehmens

und begann dieses dann zu filetieren. Diese Kannibalisierungsstrategie
hatte in der Regel die Zerschlagung des Gesamtunternehmens zur Folge. Nicht selten wurde den überlebensfähigen Unternehmensteilen auch
noch der Kaufpreis des Coups aufgebürdet, während die Gewinne allein
den Totengräbern zuflossen. Weil derlei Investitionen mit einem üblen
Ruf bedacht wurden, sannen die Investoren auf Alternativen. Gelegenhei-
ten boten sich viele, waren die Zergliederungstechniken der feindlichen
Übernahmen doch nur der Vorschein eines gewandelten, modularisierten Unternehmensbegriffs. Die mit der Globalisierung einhergehenden
Kommunikationstechniken erlaubten den Aufbau transnationaler Unternehmen, bei denen verschiedenste Investitions- und Steuermodelle
genutzt und die weltweit kostengünstigsten Module zu einem Gesamt-
gebilde kombiniert wurden. Während all diese Maßnahmen letztlich nur
auf Kosteneinsparungen hinausliefen, versprach der New-Economy-Hy-
pe, der ab 1995 mit der Massennutzung des Internets einsetzte, zugleich
Neuland und unvorstellbare Gewinne. Für eine Weile schien es, als ob
die Grenzenlosigkeit des Geldes endlich den lange ersehnten Seelenver-
wandten, das ideale Anlageobjekt gefunden hätte. Wer immer den Anschein erwecken konnte, Teil dieses digitalen Eldorado zu sein, zog die
Aufmerksamkeit und somit das Kapital magisch an. So konnte die Firma
EMTV, deren einziger Asset im Besitz der Merchandising-Rechte für die
»Biene Maja« bestand, zeitweise einen höheren Börsenwert aufweisen als
die *Lufthansa*.

Mit dem Zusammenbruch dieser Blase kehrte auch hier wieder das Realitätsprinzip ein. Allerdings hatte sich die Realität in weniger als einem
Jahrzehnt massiv gewandelt. So ließen die Bankhäuser, deren Dependan-
cen in der Staubwolke von Ground Zero untergegangen waren, unverzüglich verlautbaren, dass man den Verlust an Menschenleben beklage,
die Datenbanken und Server aber doch ungestört weiterliefen. Die da-
hinterliegende Botschaft lautete also: Der reale Ort des Kapitalismus liegt
nicht mehr in den Türmen aus Stahl und Glas, er liegt nicht einmal mehr

in den Köpfen der Mitarbeiter, er liegt dort, wo die Daten aufbewahrt und prozessiert werden.

Während ringsum der Abgesang auf die New Economy gesungen wurde, begann tatsächlich ihr Siegeszug. Diese merkwürdige Spaltung muss man im Auge behalten, will man die Architektur der Blase verstehen. Durch die Erfahrung gewitzt, dass das phantastisch Neue eine umso größere Enttäuschung bereitet, wenn es die heraufbeschworenen Fantasien nicht unverzüglich einlöst, wandte man sich dem ältesten, aber vielleicht auch dauerhaftesten Lustobjekt der Menschheit zu: dem eigenen Haus. Das Haus ist mehr als ein bloßer Wohncontainer, es ist ein überlebensgroßes Ich: Lebensentwurf, Habitat und Versicherung in einem. Insofern ist es das Wunschbild, das fast alle Menschen miteinander teilen. Dass die von der Internetblase gebeutelten Financiers sich auf die Ausbeutung dieses Wunschbildes stürzten, war nicht verwunderlich; sie wurden von der US-Notenbank insoweit ermutigt, als man, um die Wirtschaft nicht einbrechen zu lassen, die Zinsen auf ein historisches Tief senkte. Freilich war das Betätigungsfeld in einer Hinsicht doch verwunderlich: Plötzlich nämlich wurde nicht mehr die produzierende, sondern die konsumierende Bevölkerung mit Krediten versehen, nicht zuletzt auch diejenigen, die sich die Einlösung ihrer Wünsche auch beim besten Willen nicht hätten leisten können. Die Frage, die sich angesichts dieser irrationalen Investmentstrategie stellt, lautet: Wie war es möglich, diesen trivialen Sachverhalt zu verleugnen?

Die Antwort liegt in den mathematischen Zaubermitteln, die wiederum auf das Jahr 1987 zurückgehen: *Collaterized Debt Obligations* (CDO) oder *Credit Default Swaps* (CDS). Waren diese Finanzderivate in dem Bestreben aufgelegt worden, sich z. B. gegen einen Kreditausfall zu versichern, war ihr eigentliches Ziel, diese Titel zu handeln wie irgendeinen materiellen Wert selbst. Künftig sollte es möglich sein, auch mit der Brandversicherung eines Nachbarn einen schwunghaften Handel zu betreiben – mit dem Effekt, dass der Handelswert dieser Versicherungen ein Vielfaches des versicherten Wertes annehmen konnte. Der eigentliche Trick aber bestand in der Bündelung vieler Schuldtitel zu einem Paket, konnte man hier doch, wie in der Wurstproduktion, Objekte eher fragwürdiger Natur untermengen. Auch wenn die Prospekte eine Rationalität des Risikomanagements vorgaukelten, handelt es sich bei den fraglichen Instrumenten um eine Form des mathematischen Obskurantismus: Beschwörungsformeln, die Sicherheit verheißen, dies aber nur um den Preis einer systematischen Verdunkelung tun. Tatsächlich ist eine solcherart strukturierte Blackbox Voraussetzung, um sich der Selbsttäuschung hingeben zu können. Der Glaube an die Rationalität der Versicherung dient als Blende, um die Irrationalität des eigenen Handelns zu überschatten. Woher aber dieser Drang zur Selbsteuphorisierung? Die Antwort ist simpel: Seit der Enthemmung der Geldmärkte sind die Akteure an den Finanzmärkten auf Droge, und diese Droge ist nichts anderes als die Unendlichkeitsverheißung des digitalen Zeichens. So war in der *subprime*-Krise gleich eine doppelte Ausblendung zu besichtigen: Dass man den Bau von Häusern finanzierte, erweckte den Anschein von Solidität, dass man sich gegen die damit verbundenen Risiken versicherte, machte den Anschein von Sicherheit zur Gewissheit. In Wahrheit aber hatten all diese Maßnahmen nur den Stellenwert von Rationalisierungen, die verschleierten, dass die Weltfinanzmärkte längst zu Gelddruckmaschinen mutiert waren.

F: Wieso nennst du die Dinge nicht beim Namen? Gier ist Gier.

A: Weil das nicht die Erklärung, sondern eine Folgeerscheinung ist. Vor allem aber legt man, wenn man von Gier allein spricht, den Fokus auf ein falsches Feld. Man moralisiert, wo man eine Systemfrage stellen müsste.

F: Wieso? Jeder einzelne hat doch die Wahl gehabt, ob er bei dem Zauber mittut oder nicht.

A: Ich will nicht verleugnen, dass bei alledem auch niedere Beweggründe, Gier und Maßlosigkeit eine Rolle spielen. Aber wenn wir es darauf reduzieren, verfehlen wir das Charakteristische des Prozesses, nämlich dass es dabei um eine systemische Fehlsteuerung geht.

F: Systemversagen, jaja. Als ob da nicht Einzelne Profite eingestrichen hätten, die größer sind als der Haushalt ganzer Volkswirtschaften. Ein einzelner Mensch! Nur wenn's um die Verteilung ihrer Verluste geht, heißt es plötzlich, wir sind systemrelevant.

A: Worauf ich hinauswill: Wir stehen hier dem gegenüber, was ich das Über-Es genannt habe. Ein kollektives Phantasma, mit dem sich die individuellen Bedürfnisse, die Gier, wunderbar haben maskieren lassen.

F: Also doch!

A: Ja, aber der Unterschied bleibt trotzdem bestehen. Dieses System hat nur deswegen funktioniert, weil es den Anschein der Rationalität für sich hat reklamieren können. Deswegen all die Risikoberechnungen, die großartigen Algorithmen, der Zauber höherer Mathematik.

F: Wenn ich mich nicht täusche, ist doch schon seit Adam Smith der Egoismus eine feine Sache. Denkt jeder an sich, ist an alle gedacht.

A: Das mag für die Mikroökonomie gelten, aber in Bezug auf das Geldsystem eben nicht. Das war bislang nicht dem Einzelnen überlassen, sondern Privileg der Zentralbank. Du kannst nicht einfach, wenn dir danach ist, deine Burckhardt-Währung emittieren.

F: Und. Hat sich irgendetwas daran geändert?

A: Formal nicht. In der Realität aber schon. Seit dem Ende von Bretton Woods befinden nicht mehr die Staaten, sondern die Finanzmärkte über den Wert des Geldes. Und die Banken sind diejenigen, die das Geld emittieren.

F: Wieso? Es gibt doch noch immer die Notenpresse.

A: Aber was ist de facto passiert? Die Zentralbanken haben die Zinsen niedrig gehalten, und die Banken haben aus dem Nichts Geld geschöpft. Als dann evident war, dass dem keine wirklichen Werte gegenüberstanden, haben die Staaten die Bankschulden übernommen und daraus Staatsschulden gemacht. Im Nachhinein wurden diese Schulden so behandelt, als hätte die Zentralbank das Geld ausgegeben. Die Folge ist, dass die Steuerzahler, ja ganze Völker für das Treiben an den Finanzmärkten in Geiselhaft genommen werden. Genau damit stellt sich die Systemfrage.

F: Du meinst, ich hätte keine Ich-AG, sondern eine Bank gründen sollen?

A: Das hätte sich für dich gelohnt. Nur die Gesamtgesellschaft hätte ein Problem mehr. Wenn die Geldmenge wächst und dieses Wachstum für bare Münze genommen wird, entsteht so etwas wie eine Parallelwelt. Eine Welt, in der Wünsche einfach dadurch wahr werden, dass alle daran glauben. Und das entwickelt eine soziale Dynamik, die dem Unbewussten gleicht, in dem es keine Verneinung, aber auch keine Zeit gibt.

F: Versteh ich nicht.

A: Man sagt doch, dass Banker eigentlich risikoscheu sind, es also darauf anlegen, bei schönem Wetter Regenschirme zu verleihen. Wem also können sie vertrauen? Ihresgleichen, also den anderen Bankern, die sich ja gleichfalls darum sorgen, dass sie oder ihre Regenschirme nass werden könnten. Andererseits muss man doch Geld verdienen. Die einfachste Art besteht darin, es einfach zu drucken und sich und der Welt einzureden, dass das eine großartige und systemrelevante Leistung darstellt. Nur über diese Selbstverzauberung hat es dazu kommen können, dass sich da eine Schar risikoscheuer Lemminge kollektiv in den Abgrund gestürzt hat.

F: Sorry, versteh ich immer noch nicht.

A: Stell dir einfach jemanden vor, der bei diesem Treiben mitwirkt, aber begreift, dass sich da eine riesengroße Blase aufbaut. Was macht er? Er kann seine Kollegen auf die Risiken hinweisen, trotzdem muss sich seine Performance – auch so ein Unwort – an der seiner Kollegen messen lassen. Aber weil die Blase, das ist ja ihr Kennzeichen, schneller wächst als die sogenannte Realwirtschaft, hat er nur die Wahl: Mache ich mit oder steige ich aus? Systemrational aber stellt sich diese Frage gar nicht. Wenn der Kollege X nicht produktiv ist, wird er durch einen anderen, einen Jasager ersetzt.

F: Dann steckt die Gier halt im System, umso schlimmer!

A: Aber weil Geld der Maßstab ist, an dem sich alles messen lassen muss, greift das auf alle Wirklichkeitsbereiche über.

F: Weil man genötigt ist, die eigene Leistung mit den Renditen der Finanzindustrie messen zu müssen.

A: Seit den frühen Neunzigern hat sich alles an den Gedankenfiguren der Ökonomie ausgerichtet – die Universitäten, die Bildung, der gesamte gesellschaftliche Diskurs. Plötzlich jedoch muss man sich eingestehen: Das war ein Phantom.

F: Wie herzig! Du glaubst da an Einsicht?!

A: Nein, ich glaube, dass wir die falschen Fragen stellen – und dass es genauso ist wie im 14. Jahrhundert, als die Scholasten nach dem gerechten Preis fragten, anstatt die Systemfrage zu stellen: Wem gehört das Geld? Wem kommt das Recht zu, Geld zu emittieren? Wenn wir die Systemfrage stellten, kämen wir darauf, dass wir in dem Augenblick, als die Geldmärkte ins *free floating* übergingen, einen Systemwechsel installiert haben.

F: Weil die Märkte das Geld emittieren?

A: Ja.

F: Aber das ist doch nichts Neues, das weiß doch eigentlich jeder.

A: Trotzdem hat dieser Systemwechsel keine institutionelle Auswirkung gehabt. Und das hat zur Folge, dass diese Emissionen sich gleichsam unbewusst vollziehen. Genauer: Sie folgen diesem kollektiven Über-Es, das sich als eine Form der Rationalität wähnt. Und das wiederum höhlt die bestehenden Institutionen weiter aus.

F: Sag mal konkret, was du meinst.

A: Wie korrumpierend diese Scheinrationalität gewirkt hat, hat man an den Angestellten der Landesbanken sehen können, öffentlich-rechtlicher Institute, die Zweckgesellschaften gegründet haben, mit dem einzigen Ziel, die eigene Steuergesetzgebung zu unterlaufen. Oder an den Stadtkämmerern, die ihre Elektrizitätswerke verkauften und dann wieder zurück leasten, um von den Steuererleichterungen des Staates New York zu profitieren. Und all dies wurde nicht als Erosion der öffentlich-rechtlichen Sphäre, sondern als besonders trickreiches Finanzgebaren gefeiert.

F: Ich würde sagen, das ist kriminell.

A: Jetzt machst du genau, was du mir gerade vorgeworfen hast: Du morali-
sierst. Wenn Geld nur deswegen funktioniert, weil es ein knapp gehaltenes
Nichts ist, die Institutionen aber, die zur Wahrung dieser Nichtwürdigkeit
da sind, ihrem Auftrag nicht mehr nachkommen, dann funktioniert das
System einfach nicht mehr. Das ist die Situation. Das alte Über-Ich, der
Vaterstaat mit seinen Institutionen, ist Geschichte – aber es hat sich kein
neues Über-Ich an seine Stelle gesetzt.

DIE GLAUBENSKRISE DES KAPITALISMUS

Die Finanzkrise ist mehr als nur der Effekt einer temporären Fehlsteuerung des Bankensystems. Sie ist nicht mehr und nicht weniger als eine
Glaubenskrise. Mit dem Geld ist die *ultima ratio* unserer Weltordnung
fragwürdig geworden. Zwar behaupten unsere Politiker tapfer, dass die
Politik noch immer den Hut aufhabe, aber wenn jede Maßnahme mit
dem Verweis unterlegt werden muss, es gelte, das Vertrauen der Märkte
zu gewinnen, wird sichtbar, dass die Souveränität letztlich nur eine ge-
spielte ist. Sofort taucht die Frage auf, wer denn diese ominösen Märkte
sind, die da beruhigt werden müssen? Die Antwort: Diese Märkte sind
die versammelte Kopflosigkeit, ein Aggregat, in dem die Aktionen all der
anonymen Mitspieler über den Wert des Geldes befinden. Nun fußt das
Urteil dieses Aggregats nur im begrenzten Maße auf einer Rationalität –
denn dies implizierte, dass das Geld die ökonomischen Realien abbildet,
mithin als präziser Indikator für ökonomische Knappheiten wirkt. Diese Abbildungsleistung jedoch, die die Ökonomie der »Spekulation« stets
zugesprochen hat, hat sich mit der Finanzkrise als Wunschdenken heraus-
gestellt. Statt die Welt abzubilden, haben die Märkte allein die Wünsche
und Ängste der Menschen widergespiegelt, statt eines verlässlichen Kal-
küls begegnen wir einer Wunschmaschine, die alles Mögliche verspricht,
bloß keine Sicherheit. Haben die Ökonomen im Vertrauen auf die eigenen

Wirtschaftsmodelle stets die Selbstheilungskräfte des Marktes beschwo-
ren, entpuppt sich der »homo oeconomicus« als ein Monster, als giganti-
scher, weltumspannender Anarch, der dem Lustprinzip huldigt und nicht
der Vernunft.

Dass dieser Kollaps just mit der Entfesselung des Finanzkapitals zusam-
menfällt, ist die wahre Ironie. Tatsächlich lautete ein Dogma des Neo-
liberalismus, dass man das Kapital vom Staat befreien und es den Märkten überlassen müsse (paradigmatisch vorgeführt in Friedrich von Hayeks
»Entnationalisierung des Geldes«). Würde man das Geld endlich in die
Hände derjenigen geben, die etwas davon verstehen, würde der Missbrauch der Notenpresse aufhören, wären die Banken, im Wettlauf um das
gute Geld, darum bemüht, eine perfekte und rationale Geldordnung zu
etablieren. Dass die Märkte, kaum vom Gängelband des Staates befreit,
ihrer Gier zum Opfer fallen und wieder Zuflucht zu staatlichen Ordnungen suchen würden, wäre den Propheten der Zunft ganz unmöglich vorgekommen. Dass dies hat passieren können, ist eine Bankrotterklärung.
Sie wird nur von der Tatsache überboten, dass die Märkte fortan darauf
bauen, dass der Staat im Falle eines Marktversagens als letzte Zuflucht-
stätte einspringen wird.

Gleichwohl wäre es viel zu eng, unsere Glaubenskrise allein an der Frage des Geldes aufzuhängen. Was mit der Finanzkrise von 2007 ff. zutage
getreten ist, ist nur der Endpunkt einer langen Entwicklung, die mit der
Digitalisierung begonnen und in den Exzessen der Finanzindustrie ihren
Ausdruck gefunden hat. Dass man in der Hochzeit der Krise den merkwürdig schillernden Begriff der »Realwirtschaft« prägte und diesem not-
leidenden Wirtschaftszweig mit einer Abwrackprämie und Konsumappel-
len auf die Beine zu helfen suchte, verrät, dass unsere sogenannte Realität
nur mehr ein Glaubenssystem ist, das mit der Wirklichkeit nicht mehr in
Deckung gebracht werden kann. Schon deswegen ist die Dämonisierung
der Geldwirtschaft falsch. Die Ursache ist nicht eine kleine Clique maß-
loser Banker, sie liegt vielmehr in der Entfesselung jener Formel, auf die

wir keine Antwort haben. Wenn Geld nichts weiter ist als eine Zahl, die sich nach Belieben vervielfältigen lässt, so läuft dieses System auf die Entwertung aller Werte hinaus, auf eine Krise, die die Fundamente unserer Gesellschaft betrifft. Wie die Flash-Crashs belegen, bei denen die Börsenkurse ins Nichts stürzen, ist der Vorgang längst außer Kontrolle geraten, haben wir delirierende Systeme vor uns, deren Auf- oder Abwärtsbewegungen wir einen Sinn beimessen, den sie längst nicht mehr haben. Tatsächlich vermag allein der Glaube ans Geld dieses System am Leben zu halten. Zweifelten wir, so stürzte es in sich zusammen, müssten wir begreifen, dass auch hinter dem Geld nichts weiter steckt als die Formel der digitalen Revolution: $x = x^n$.

Um die Welt, die uns bevorsteht, zu begreifen, langt es nicht mehr, die Mächte dieser Welt zu analysieren – so wenig, wie es hilfreich ist, unseren Dämon auf das menschliche, ja überhaupt irgendein bekanntes Maß zu reduzieren. Denn der Geist, der alle Leidenschaften der Menschen überschaut und keine derselben empfindet, dem jede Beziehung zu unserer Natur fehlt und der gerade deswegen Kenntnis von ihr besitzt, ist längst an der Macht. Hatte man vor ein oder zwei Dekaden noch zu glauben vermocht, ihn einhegen zu können, so ist uns klammheimlich bewusst, dass hier ein neuer Souverän sein Haupt erhoben hat. Mit jedem Mausklick, jedem Kaufakt, ja mit unserer bloßen Aufmerksamkeit speisen wir ihn, machen ihn größer und fetter als er vordem schon war. Wenn wir von den Märkten sprechen, die es zu beruhigen gelte, ist in Wahrheit ER gemeint, mögen wir ihn Kapitalismus, Globalisierung oder Realitätsprinzip nennen. Aber wie kann man ihn, der keine Adresse und keinen Namen hat, zur Verantwortung ziehen? Wie lässt sich Verantwortung einklagen, wenn das System auf organisierte Verantwortungslosigkeit hinausläuft? Ist dies nicht der Grund, dass wir uns an die bekannten Gesichter halten? Was aber, wenn unsere Institutionen nur deswegen existieren, weil wir nicht aufhören können, an sie zu glauben? Was, wenn wir begriffen, dass unsere Realität nur mehr der Vortäuschung falscher Tatsachen dient?

SCHEINPRODUKTION

Wohin aber wird sich unsere Geldordnung entwickeln? Mit dieser arg-
los anmutenden Frage sind wir in einer Abgründigkeit angelangt, die
sehr viel mehr umfasst als bloß technische oder ökonomische Fragen.
Zunächst einmal werden wir mit der peinlichen Frage konfrontiert, was
Geld überhaupt ist, wenn es denn nicht mehr durch irgendeine Realie
gedeckt ist, zum Zweiten, wem in einer globalisierten Welt das Privileg
der Geldemission zukommt und wer über die Güte des Geldes zu wa-
chen vermag, zu guter Letzt, was passiert, wenn diese Glaubensordnung
Risse bekommt. Der Ökonom Hajo Riese, dem sich die wunderbare Formulierung vom »knapp gehaltenen Nichts« verdankt, hat sich in diesem
Kontext einmal darüber verwundert, dass seine eigene Zunft die Existenz
des Geldes voraussetzt, seinen institutionellen Charakter aber vollständig
negiert. Bei Milton Friedman etwa, einem der Pioniere der neoliberalen
Ökonomie, fliegen Hubschrauber über eine Insel und werfen säckeweise
Geld ab, dann entstehen Märkte, Preise, all jene fügsamen Größen, mit
denen sich wunderbare ökonomische Modelle basteln lassen. Nehmen wir
die obigen Fragen ernst, müssen wir eingestehen, dass sie uns nötigen, einen Blick in den Abgrund unserer eigenen Fantasien zu tun. Denn wenn
Geld nur deswegen funktioniert, weil wir daran glauben, lautet die einzige
Schlussfolgerung, dass wir es hier, im Herzen des Kapitalismus, mit einer
Form der Scheinproduktion zu tun haben. Was aber wird wohl passieren,
wenn die Mächte, die als Institute der Nichtswürdigkeit den Schein von
Wert aufrechterhalten haben, kollabierten? Mit dieser Frage, die in der Finanzkrise von 2007 ff. erstmals touchiert worden ist, ist eine Systemfrage
gestellt, die unser gedankliches System durcheinanderwirbeln wird, auf
eine Weise, wie wir es bislang noch gar nicht abschätzen können.

ARBEIT

Eigentlich habe ich nur eine Flasche Wein kaufen wollen, aber die Gesetze des Staates Pennsylvania sehen vor, dass derlei nur in speziell klassifizierten »Wine and Spirits« verkauft werden darf. Also laufe ich durch diesen riesigen Supermarkt, in dem selbst die Eisbecher Gallonengröße besitzen. Vor mir surrt ein kleines Elektromobil, auf dem ein fettleibiger Mann thront. Eigentlich ist der Schädel das einzig Kompakte an ihm. Der Rest ist eine wabbelige, zerlaufende Masse, die, wie es scheint, nur noch durch die Kleidung zusammengehalten wird (deren Nähte freilich zum Zerplatzen gespannt sind). Wann immer das Elektromobil eine kleine Unebenheit überquert, gibt es ein kleines Ächzen von sich. Das Geräusch ist selbst dann noch zu hören, als er, unsichtbar für mich, im Nachbargang neben mir her fährt. Ich weiß nicht, wie viele seinesgleichen mir unter die Augen gekommen sind, zu dick, um sich noch selbst zu bewegen. Aber hier, umgeben von all diesen Kingsize-Verpackungen, begreife ich, dass diese aufgeschwemmten Leiber gleichsam Kummerkästen sind: Als hätten sie die Not der Produkte, die sich in den grellen Aufschriften, in diesem stummen Kauf-mich-Schrei artikulieren, erhört, als stopften sie all das nur in sich hinein, um unsere Welt, so wie sie ist, noch zu retten. Vor die Wahl gestellt, ob ich einen *self checkout* vornehme oder eine Kasse mit menschlicher Besetzung vorziehe, entscheide ich mich für Letzteres – aber als ich den Mann an der Kasse sehe, weiß ich, dass es ein Fehler war. Er heißt Jeff, das jedenfalls steht auf dem Kittel, den der Supermarkt ihm gestellt hat. Sein langes, graues Haar hängt ihm ins aufgedunsene Gesicht. Wie er die

Gegenstände am Scanner vorbeischiebt, hat etwas Reptilienartiges – als ob sich darin die Nachwirkungen all der *Prozac*-Schachteln zeigen, die man in ihn hineingestopft hat. Erst als er den Hundert-Dollar-Schein gegen das Oberlicht führt, um das Wasserzeichen zu prüfen, regt sich noch eine Art Restgegenwart, aber vielleicht ist es auch bloß der Neonschimmer, der auf sein Gesicht fällt. Und plötzlich ist da nichts mehr, nur diese Frage, die sich in diesem viel zu großen Supermarkt ausbreitet wie ein Furz: Könnte es sein, dass hier das letzte Aufgebot sitzt?

AUFMARSCH DER ROBOTS

Seit Beginn der digitalen Revolution, seit die menschlichen Computer-Girls den Geräten Platz gemacht haben, erleben wir, dass die Bomben zünden. Da Menschen dazu neigen (wie der Science-Fiction-Autor Arthur C. Clarke einmal treffend bemerkt hat), die kurzfristigen Effekte einer Technologie zu überschätzen, die langfristigen Folgen hingegen zu unterschätzen, vollzieht sich dieser Prozess eher am Rand unserer Wahrnehmung. Nur gelegentlich scheint die ursprüngliche Dramatik auf, in den Tagen der Finanzkrise etwa, als der Investor Warren Buffet die Zaubermittel der Finanzindustrie als »finanzielle Massenvernichtungswaffen« brandmarkte. Im Alltäglichen jedoch nimmt man die Entwicklung wie ein Naturgeschehen zur Kenntnis. So kommt es zu dem erstaunlichen Phänomen, dass wir zwar alle erdenklichen Arbeitsbeschaffungsmaßnahmen erörtern, der entscheidenden Frage aber ausweichen: was angesichts der digitalen Umwälzungen überhaupt noch als Arbeit angesehen werden kann.

Wenn ein Programm »skaliert« (wie es so schön heißt), wenn es auf enthemmte, jedes menschliche Maß übersteigende Art produktiv werden kann, so ist die Frage zu stellen, inwieweit die digitale Arbeitswelt mit dem menschlichen Faktor zusammengehen kann, ja ob die altmodische Vorstellung von einer individuellen Arbeitsmoral hier überhaupt noch Platz und Gültigkeit beanspruchen kann. Schon der Umstand, dass der Computer uns nötigt, in Populationen zu denken, sollte zu Zweifeln Anlass geben.

Das Mittelalter hat die *arebeit* als »Mühsal der Enterbten«, als Frondienst, bezeichnet. Erst das Arbeitsethos der kapitalistischen Welt hat den Frondienst zu einer Form des Gottesdienstes, dann zu einer Bürgerpflicht, schließlich zu einem Selbstverwirklichungsprojekt gemacht. Nun trifft dieses Selbstverwirklichungsprojekt, das mit einer allgemeinen Kreativitätsvermutung einhergeht, zwar die Herzen der Menschen, zerbricht aber doch schnell an der Arbeitswelt. Für die meisten Menschen ist Arbeit noch immer ein Posten, den man für eine bestimmte Zeit besetzt und der für die verbleibende Lebens- und Freizeit angemessen zu entschädigen hat (wobei auch die Gestaltung des Freizeitverhaltens zu einer Art Phantomarbeit werden kann). Dass sich die Frage, was Arbeit im digitalen Zeitalter sein kann, nicht mit aller Macht stellt, ist allein dem konsumptorischen Nachholbedarf der Schwellenländer zuzuschreiben. Dieser Aufschub allerdings wiegt uns in einer trügerischen Sicherheit. Der Ökonom John Kenneth Galbraith hat in seiner »Überflussgesellschaft« schon im Jahr 1957 die These aufgestellt, dass große Teile unserer Wirtschaft nur mehr als Form der Beschäftigungstherapie zu lesen seien, dass wir Arbeit simulieren, um unseren Produktionsfetischismus zu befriedigen. Lässt man die jüngste Finanzkrise unter diesem Blickpunkt Revue passieren, gelangt man zu der Schlussfolgerung, dass ein Großteil der kollektiven Aktivitäten nur als Scheinarbeit aufzufassen ist. War die Dekade der 2000er-Jahre vor allem gekennzeichnet durch die Aktivitäten der Finanzmärkte, so ist bemerkenswert, dass selbst in diesem Feld nicht länger Menschen den Ton angeben. 70 Prozent des Börsenhandels werden von Maschinen und Computeralgorithmen erledigt. Das Börsenparkett verwandelt sich zunehmend zur Bühne, auf der Broker-Darsteller eine Geschäftigkeit vortäuschen, zu der sie, ihrer mangelnden Reaktionsgeschwindigkeit wegen, schon lange nicht mehr qualifiziert sind. Da alles, was digitalisiert werden kann, im Arbeitsspeicher (also im Museum der Arbeit) verschwindet, ist absehbar, dass ein Großteil dessen, was heute noch als Arbeit aufgefasst wird, von Maschinen erledigt werden kann. Jede repetitive, regelhafte Tätigkeit kann substituiert werden. Dies bezieht sich nicht nur auf industrielle Fertigungsvorgänge, sondern wird zunehmend auch den Dienstleistungssektor betreffen. Nun ist die Prophezeiung, dass die Maschinen uns die Arbeit wegnehmen werden, schon so häufig in die Welt gesetzt worden, dass sie ihren Schrecken verloren hat – ebenso wie der Kinderglaube, dass uns mit der Künstlichen Intelligenz ein wahres Paradies bevorstehen wird, einer gesunden Skepsis gewichen ist. Dennoch steht uns, aufgrund der massiv gestiegenen Rechenkraft der Geräte, der verbesserten Algorithmen und der Mobiltechnologien, ein Qualitätssprung bevor. Waren Roboter bislang Wesen, die man (um die Menschen vor ihnen zu schützen) in Käfige stecken musste, werden zunehmend Roboter handelsüblich, die sich in einer menschlichen Umgebung bewegen und mit Menschen interagieren können. Vor allem die Reaktorkatastrophe von Fukushima hat die Entwicklung einer neuen, humanoiden Robotergeneration beschleunigt: Roboter, die Treppen und Leitern hinaufsteigen können, die über einen Gleichgewichtssinn verfügen und eine Vielzahl von Aufgaben erfüllen können – Generalisten, wie der Mensch selbst. Insofern werden die Grenzen zwischen menschlicher und maschineller Arbeit durchlässig. Wenn der chinesische Handyzulieferer *FoxConn* angekündigt hat, seine (von Depressionen und Suizidgedanken heimgesuchte) Arbeiterschar durch eine Millionen-Armee von Industrierobotern zu ersetzen, so macht dies deutlich, dass selbst in den Zonen des Lohn-Dumpings das Ende der Industriearbeit angebrochen ist.

Allerdings verstellt das Bild des humanoiden Roboters den Blick darauf, in welchem Maße wir bereits von Programmen bedient werden. Die meisten unserer Roboter nämlich sind gestaltlos, Programme, die Such- und Sortieraufgaben vornehmen oder Steuerungsprozesse synchronisieren (wie im Falle einer Flugzeuglandung). Diese Bots fühlen sich nicht wie Roboter an, sondern werden (wie die Google-Suchabfrage) dem eigenen Denken gleichsam eingemeindet. In diesem Sinn greift die Frage nach der Substitution des Menschen durch eine intelligentere Robotergeneration viel zu kurz. Längst schon haben wir es mit Prozessen zu tun, die ohne Computer weder gedacht noch ausgeführt werden könnten. Neu ist lediglich, dass bestimmte Fähigkeiten, die vordem als spezifisch menschlich charakterisiert wurden, von Programmen erledigt werden können. Dies betrifft keineswegs simple Fähigkeiten allein. Zunehmend werden Tätigkeiten substituiert, die als anspruchsvoll gelten – und nicht selten eine akademische Ausbildung verlangen. Ob es sich um juristische Recherchearbeiten, das Aufspüren von statistischen Anomalien oder Diagnoseverfahren in der Medizintechnik handelt, all diese Aufgaben kann man getrost Programmen überantworten. Dabei gilt die Grundregel: Hat man es mit beschreibbaren und wiedererkennbaren Mustern zu tun, so lässt sich der Prozess der Mustererkennung auch an eine Maschine delegieren.

Vielleicht lohnt es sich hier, einen kurzen Blick auf die Grundzüge des *machine learning* zu werfen. Grob gesprochen handelt es sich um eine Form der maschinellen Supervision, bei der über Wahrscheinlichkeitsberechnungen anfänglich unbekannte Muster identifiziert und zu Handlungsanweisungen umgewandelt werden. Diese Sequenzen wiederum können dann von der Maschine übernommen werden. Im Gegensatz zur klassischen AI, die sich angemaßt hatte, die Geheimnisse des Denkens zu entschlüsseln, ist der Ansatz des *machine learning* sehr viel bescheidener. Wissensbasis ist nicht ein vermeintlich intelligentes System, sondern das menschliche Verhalten, dem die innewohnenden Regelhaftigkeiten entlockt werden sollen. Ergebnis ist eine Software, die die menschliche Kommunikation widerspiegelt und die Rolle des Experten oder Dienstleisters an die Maschine delegiert.

Weil Softwaregebilde, der Formel $x = x^n$ folgend, beliebig skalierbar sind, ist absehbar, dass regelhafte Dienstleistungstätigkeiten in Zukunft nicht mehr von Menschen, sondern von Maschinen ausgeführt werden. Daran, dass die Klassifikation von Texten oder die Gen-Sequenzierung von Programmen ausgeführt werden, haben wir uns gewöhnt, dass aber auch Dienstleistungen, die wir als spezifisch menschlich auffassen (die tägliche E-Mail unseres Ernährungsberaters, die individuelle medizinische Beratung oder das Verfassen eines Zeitungsartikels) von Bots ausgeführt werden können, ist schon sehr viel irritierender. In dem Maße, in dem Computer trainiert werden, natürliche Sprache zu prozessieren, werden sich die Interfaces »menschlicher« anfühlen, wird man es vorziehen, mit einer intelligenten und mit niemals versiegender Freundlichkeit und Geduld operierenden Maschine zu kommunizieren. Letztlich aber werden hier vor allem ökonomische Gründe ausschlaggebend sein: Eine Software, die rund um die Uhr tätig ist, ist sehr viel preisgünstiger als der entsprechende Arbeitnehmer. Tatsächlich wirft die Entwertung der menschlichen Arbeit schon jetzt ihre Schatten voraus. Die massive Ausweitung des Billiglohnsektors, die Herabwürdigung der Arbeitskraft zum bloßen Kostenfaktor, der Verlust an Sinnhaftigkeit – all dies führt zu einem wachsenden Unbehagen, das sich nicht zufällig in Form einer inneren Kündigung artikuliert. Nach einer Umfrage des Gallup-Instituts haben 85 Prozent der deutschen Arbeitnehmer gar keine oder nur eine geringe Verbindung zu dem, was sie tun.

VERBRAUCHTE VERBRAUCHER

Vielleicht ist es sinnvoll, sich in einem kleinen Gedankenexperiment vor Augen zu führen, welch ungeheures Rationalisierungspotenzial der Digitalisierung innewohnt. Nehmen wir zu diesem Zweck an, dass eine Regierung bereit und willens wäre, die vorhandenen Werkzeuge miteinander zu verknüpfen und dass ihr wesentliches Ziel in der Steigerung der Rationalität selbst läge – in der Steigerung der Produktivkräfte, der Beförderung der besten, weil effizientesten Lösung. Zuallererst müsste eine solche Regierung die vollständige Rückständigkeit ihres Verwaltungsapparates diagnostizieren. Um hier Abhilfe zu schaffen, würde sie damit beginnen, die öffentliche Verwaltung von jeder überflüssigen Kraft zu befreien. Die muffigen Amtsstuben würden geschlossen, bürgerfreundliche Programme an ihre Stelle gesetzt. Nicht nur die Beamten, auch die Arbitrage-Gewinnler des Paragrafendschungels wären ihrer Pfründe verlustig – und niemand, außer ihnen selbst, würde ihrem Verschwinden eine Träne nachweinen. Die zweite große Amtshandlung dieser Regierung wäre die Steigerung der Energieeffizienz. Die großen Unternehmen (die ehedem Staatseigentum waren und die Trägheit des Monopolisten geerbt hatten) würden zerschlagen, eine dezentrale Infrastruktur würde errichtet, gigantische Summen würden in die Forschung fließen. Bei dieser Gelegenheit würde das Forschungssystem selbst wie eine energetische Maschine behandelt: Allein diejenigen, die dem gesteckten Ziel näher kämen, würden mit einer weiteren Förderung rechnen können. Im dritten Akt kämen die öffentlichen Verkehrssysteme, die Kommunikation, schließlich das Gesundheitssystem an die Reihe. Dabei würden die im Verlaufe der bereits vollzogenen Rationalisierungsmaßnahmen schlanker gewordene Organisation und die effizientere Verwaltung auf alle anderen Organisationen übertragen. Immer wäre das Prinzip: Steigerung der Effizienz, bei einer gleichzeitigen Minimierung des Energieverbrauchs. Minimierung der Reibung, aber auch der sozialen Friktion. Und die Menschen würden staunend begreifen, dass all das, was sie unter stetem Lamento in die Welt gesetzt hatten, ganz ohne sie geht. Eine Welt, in der vielleicht ein, zwei Prozent der Bevölkerung eine gigantische Maschinerie am Laufen hält – während der Rest, ja was?

F: Ist das, was du hier an die Wand malst, nicht eine Schreckvorstellung? Was bleibt denn da noch?

A: Nein, ich persönlich finde das wunderbar, eigentlich ein Segen für die Menschheit. Wie kann man eine stumpfsinnige, ermüdende Tätigkeit verteidigen wollen? Wenn wir es dennoch tun, so deswegen, weil wir nach dieser langen Prägung durch einen fast religiös aufgeladenen Arbeitsbegriff darauf konditioniert sind, jede noch so erbärmliche Arbeit als etwas Besseres aufzufassen als gar keine Arbeit.

F: Aber von irgendetwas muss man doch leben.

A: Aber wer sagt uns, dass die Dinge, die wir heute als Leistung honorieren, diesen Namen verdienen? Gerade deswegen habe ich das Beispiel der Finanzwirtschaft als Beschäftigungstherapie angeführt. Natürlich haben sich all die Beschäftigten da ein Bein ausgerissen, aber wofür? Für einen riesenhaften Schuldenberg. Und diese Form der Scheinproduktion – das ist die wahre Katastrophe – hat nicht nur die Finanzwirtschaft, sondern die gesamte Gesellschaft erfasst.

F: Aber was wäre die Alternative?

A: Karl Marx hat den treffenden Satz geprägt: *Mehrwert schafft nur der Mensch.* Das heißt: Der Mensch muss sich auf das konzentrieren, was Maschinen nicht bewerkstelligen können.

F: Du meinst Pflege, Caritas?

A: Gewiss, solche Notwendigkeiten wird es immer geben, aber auch hier klopfen schon die ersten Pflegeroboter an die Tür. Nein, Marx war da schon sehr viel weiter. Denn sein Gedanke besagt ja, dass die Mehrwertproduktion dort beginnt, wo sie über die Maschine hinausgeht. Wie aber können wir über die Maschine hinausgehen, wenn wir nicht einmal ihre Grundprinzipien verstehen?

F: Also sollte man Programmieren lernen?

A: Über kurz oder lang wird das nach dem Englischen die zweite Fremd-sprache sein, die wir beherrschen müssen. Aber das ist strenggenommen nur die Vorbedingung dafür, um erkennen zu können, was die Maschine noch nicht bewerkstelligen kann. Dieses Noch-nicht, also die offene Zu-kunft, ist der Bereich, dem wir uns widmen sollten. Wenn ich es ganz alt-modisch sagen sollte: Wir müssen lernen, unseren Geist zu kultivieren.

F: Ist das nicht etwas idealistisch?

A: Mag schon sein – aber tatsächlich ist es die entscheidende gesellschaft-liche Aufgabe, bei der die herrschenden Eliten komplett versagt haben.

F: Wieso? Die haben uns doch zum Erbrechen genau diese Dinge gepre-digt, Mobilität, Flexibilität, Innovation.

A: Aber fragen wir uns, was hinter diesen Predigten steckt, so sehen wir, dass sie nicht die Fähigkeiten eines Menschen, sondern die des digitalen Zeichens einfordern. Denn das Bit schläft nicht, ist grenzüberschreitend und kann nach Belieben vervielfältigt werden. Insofern liegt in der For-derung etwas per se Uneinlösbares. Überall dort, wo wir mit dem Com-puter konkurrieren, werden wir immer den Kürzeren ziehen. Nein, die Frage, die man in diesem Kontext stellen müsste, wäre: Was unterscheidet uns von einem Computer? Worin liegt unser besonderes Vermögen? Dass diese Frage nicht gestellt worden ist, dass uns die Naturwissenschaftler stattdessen predigen, dass auch wir nichts weiter sind als Informations-prozessoren – das ist die Katastrophe schlechthin!

F: Weil wir uns damit zum Sklaven der Maschine machen, meinst du?

A: Schlimmer noch. Damit kasteln wir uns im Betriebssystem ein und können wir uns folglich nicht einmal mehr vorstellen, dass es da etwas anderes geben könnte. Aber nur um dieses andere geht's: ein Menschenbild, das im Jenseits der Maschine darauf wartet, von uns erkannt zu werden.

F: Klingt wunderbar. Nur bleibt mir vollkommen schleierhaft, was für dich ein wirklicher Mehrwert sein soll.

A: Ich bin sicher: Wenn ich auf diese Frage mit einem Beispiel antworte, wirst du dich in deinem Idealismus-Verdacht sofort bestätigt fühlen. Andererseits: Versetz dich einfach in die Frühzeit unserer Internet-Ära und frag dich, wie sie die heutigen Dienstleistungen goutieren würde. Das Wissen darum, wie man in einer Suchmaschine in die oberen Ränge gerät, Social-Media-Beratung, Community-Management oder die Subtilitäten der Benutzerführung – all dies wäre den Menschen damals vollkommen bizarr vorgekommen. Heute hingegen kommt niemand auf den Gedanken, die Notwendigkeit dieser Tätigkeiten in Zweifel zu ziehen.

F: Klar, das ist ein dynamischer Prozess. Neues gebiert Neues.

A: Aber damit kommen wir zum entscheidenden Punkt. Denn die Produkt-Zyklen und die Halbwertzeit des Wissens werden immer kürzer. Mithin muss man sich fragen: Wie bringt man die Menschen dazu, sich auf diese radikal wandelnde Welt einzustellen? Hier kommen wir zu einem Paradox: Denn obwohl sich jeder mehr oder weniger darüber bewusst ist, dass man sich der Zukunft zuwenden muss, sind die Investitionen, die unsere Gesellschaft für die Zukunft aufbringt, immer stärker zurückgegangen. Innovation, Kreativität, Leidenschaft – jeder betet diese Mantras herunter, nur sind das doch eher Sonntagspredigten, Dinge, die man beschwört, um sich ihnen nicht aussetzen zu müssen.

F: Gut, das war die Kritik. Trotzdem warte ich immer noch auf deinen Vorschlag.

A: Wenn wir uns auf die Dinge konzentrieren, die heute futuristisch, verspielt oder rätselhaft sind, werden wir mit einiger Verwunderung entdecken, dass sie übermorgen, in einem Jahr oder einem Jahrzehnt plötzlich als Leistung begriffen werden. Als Google begann, hatte die Firma kein Geschäftsmodell, sie wollte lediglich die beste Suchmaschine der Welt erzeugen. Das ist nur ein Beispiel dafür, dass das Neue in unserer heutigen Wertekartografie notwendigerweise dunkel ist – und besagt, dass wir uns am besten mit dem Rätsel auseinandersetzen, das wir selbst sind, mit Kunst, Kultur, mit dem Entstehen und Vergehen von Gesellschaften. Das hat mich persönlich an der Vergangenheit interessiert: dass man in eine Welt eintaucht, in der die Spielregeln andere sind. Wenn man das einmal erlebt hat, dann sieht man, dass vieles von dem, was wir heute als unverrückbar erleben, doch nur eine Konvention, eine Art unfreiwilliger Zwangsgedanke ist.

F: Du meinst, wir müssen uns mit der Tatsache auseinandersetzen, dass die digitale Revolution kein einmaliger Vorgang, sondern ein Dauerzustand ist.

A: Ganz genau. Wie dieser wunderbare Name, den sich die mexikanische Staatspartei gegeben hat: die Partei der permanenten Revolution.

ÖKONOMIE

Wenn wir von Arbeit sprechen, haben wir noch immer Produkte vor Augen; aber fragen wir danach, was wir bearbeiten, begreifen wir, dass schon lange nicht mehr die *materielle*, sondern die *soziale Welt* unser Gegenstand ist. Folglich wäre die Welt der Arbeit nicht vor dem Bild des Ackers oder des geschmolzenen Metalls (also des industriellen Regiments) zu lesen, sondern als Soziale Plastik aufzufassen. Waren in Deutschland zu Beginn des 20. Jahrhunderts etwa 80 Prozent der Bevölkerung in der Landwirtschaft tätig, so sind es heute bei massiv gestiegener Produktivität zwei Prozent; hat die Industriearbeit in den sechziger Jahren gut 40 Prozent der Arbeitnehmer beschäftigen können, so sind es derzeit 20 Prozent; der Dienstleistungssektor hingegen, der um 1900 herum eine Beschäftigungsquote von 10 Prozent aufwies, ist auf 78 Prozent der Beschäftigungsverhältnisse angestiegen. Im Grunde reicht schon der Blick auf eine Fernsehwerbung, um sich vom Wandel unserer Güterwirtschaft zu überzeugen. Denn unsere Autos, unsere Kleidung oder unsere Handy-Klingeltöne usw. werden nicht mehr als Gebrauchsgüter, sondern als ästhetische Sensationen vermarktet, die unseren Selbstwert oder unser Lebensgefühl steigern sollen. Folglich ist eine Heerschar von Dienstleistern damit beschäftigt, uns zu überreden, Dinge, die wir nicht brauchen und die wir uns letztlich nicht leisten können, trotzdem zu kaufen – in der schwachen Hoffnung, dass sie uns helfen, auf Menschen, an denen uns nicht gelegen ist, einen Eindruck zu hinterlassen, der, wie wir wissen, nicht lange anhalten wird.

Nun wird im Verlaufe der digitalen Revolution auch der Dienstleistungssektor einen massiven Bedeutungsschwund erleiden, denn auch hier führt die Produktivität der Computer dazu, dass eine einmal gefundene Lösung eine Vielzahl von Nutzern beglückt – und zwar ohne dass die Kosten proportional steigen. Folgt man dieser Perspektive, die uns als Konsumenten ein wahres Paradies verheißt, entsteht dort, wo wir uns als Produzenten begreifen, ein wahrhaft dystopisches Gesellschaftsbild. Denn einer kleinen Priesterschar von Schriftkundigen – in diesem Falle Programmierexperten – wird eine gigantische Masse von Illiteraten gegenüberstehen, die als Soziale Plastik nur mehr Material, nicht aber Gestalter ihres Lebens sind. In diesem Licht kann man das Motto der verblichenen Occupy-Bewegung, »Wir sind die 99 Prozent«, geradezu als Menetekel des bevorstehenden Spaltungsprozesses auffassen. Wie die Logik des $x = x^n$ den Finanzsektor heimgesucht hat, so auch die Welt der Arbeit. Denn was immer in den Arbeitsspeicher des Computers geladen werden kann, wird überflüssig. Als »Provider« eines Portals oder einer Softwarelösung ist es naheliegend, hier Alleinvermarktungsrechte anzustreben – und zwar dadurch, dass man auf den Produktcharakter der Software verweist, die entsprechenden Patente hinterlegt und erbittert gegen Zuwiderhandlungen vorgeht. Tatsächlich lassen sich die Erfolgsgeschichten des letzten Jahrzehnts auf die Logik der Wunderformel reduzieren, gehen die exorbitanten Börsenwerte, die man den sozialen Netzwerken zuschreibt, darauf zurück, dass eine kleine Zahl von Menschen ganze Populationen zu bedienen weiß. Fragt man allerdings, welcher Art die Dienstleistung ist, die Twitter, Facebook oder Instagram groß gemacht haben, begreift man, dass sie nur zu einem geringen Teil mit der Software-Architektur zusammenhängt, denn der größere Teil wird von Nutzern selbst geleistet. Sie stellen das Magma dar, zugleich den Klebstoff jenes Gebildes, das hier zu einem »sozialen« Produkt zusammengefügt wird. Allerdings verkennt diese Haltung, was Karl Polanyi einmal als eine der großen Lügen des Kapitalismus herausgearbeitet hat: dass nämlich Menschen keine Produkte sind. Begreifen wir Software nicht als Produkt, sondern als Soziale Plastik, tritt die Problematik in all ihrer Schärfe hervor. Mit jedem Post, das die Facebook-Nutzer auf ihrer Pinnwand hinterlassen, konturieren sie ein Bild, das die Firma an die Werbewirtschaft verkauft. Ist ein Produzent überzeugt, dass sein Produkt alle Studenten interessiert, die in einer mittelgroßen Universitätsstadt studieren, Katzen lieben, »Homeland« und Lana del Rey, so kann er diese Zielgruppe mit einem Mausklick beschallen. Hält man sich die Wirkmacht eines solch zielgenauen »Targeting« vor Augen, so bedeutet dies, dass der Provider eines solchen Portals seinen Nutzern ein Gesellschaftsmodell aufoktroyiert, ja dass er die Masse seiner Nutzer in Geiselhaft nimmt. Daten, so hat es ein Sprecher von Google verlautbaren lassen, seien Kreditkarten, man wisse nur noch nicht so recht, wie man sie nutzen könne.

ARBEIT AM PROFIL

Wenn Arbeit nicht mehr Psychophysik ist (die Bewegung des Muskels, die Verschiebung eines Objektes von A nach B), so ist sie Gedankenphysik, oder treffender, Einbildungskraft: das Vermögen, einen Gedanken übertragen zu können, mitteilungsfähig zu sein. Von daher wird man auch nicht mehr von einem Individuum sprechen, das unteilbar ist, sondern von einem Dividuum: demjenigen, der sich mitzuteilen vermag. Da wir nicht mehr mit Menschen allein, sondern auch mit Maschinen kommunizieren, nötigt uns dies, einem sehr strikten Protokoll zu folgen. War dieser Begriff allein der höfischen Sphäre oder der Diplomatie vorbehalten, so hat die Gesellschaft lernen müssen, dass auch die Technik ein bestimmtes Zeremoniell einfordert. Weil diese Protokolle, verglichen mit der Schlichtheit einer Telefonscheibe, eine Komplexität annehmen können, die der Frage, wie denn eine königliche Hoheit oder der päpstliche Nuntius anzusprechen sind, in nichts nachstehen, sind wir genötigt, uns in die entsprechenden Systeme einzuarbeiten. Also geben wir unsere Nachrichten in die dafür vorgesehenen Felder ein, achten auf Vollständigkeit – und tun, wie uns geheißen wird. Freilich sind diese Protokolle nicht um ihrer selbst willen da, sondern stellen die Matrizen einer Kommunikation dar, die letztlich an einen Menschen adressiert ist. Einbildungskraft ist also nicht eine Fantasia-Wolke, die sich im Nichts oder in den Code-Wüsteneien der Programmierung verliert, sondern etwas durchaus Konkretes: ein Akt, der sich letztendlich, auf vermittelte Weise, der Haut des Sozialen einschreibt. Wie der Takt der mechanischen Uhr, als Triebwerk des Kapitalismus, zu einer moralischen Kategorie wurde, zum Taktgefühl, verwandelt sich das Maschinen-Protokoll zu einem sozialen Akt – erleben wir, dass das technische Protokoll auch unsere Alltagsbeziehungen umfasst.

Vor diesem Hintergrund ist die Vorstellung, dass man eine Maschine nutzen könne, ohne umgekehrt auch von ihr formatiert zu werden, eine große Naivität – eine Naivität, die sich im Falle unseres »Humanprozessors« eigentlich verbieten sollte. Denn in dem Maße, in dem wir unsere Soziale Plastik gestalten, gestaltet sie umgekehrt uns. Insofern ist die Rede von der »Informationsgesellschaft« ein kategorisches Missverständnis. Geht man hier wie zwangläufig von der Idee der Wissensvermittlung aus, wäre es sehr viel angebrachter, danach zu fragen, wie sich das Gesellschaftsprotokoll auf unser Selbstverständnis auswirkt. Welche scholastischen Verrenkungen müsste man beispielsweise vornehmen, wollte man Mobil-Applikationen wie »Grindr«, die Homosexuellen einen potenziellen Partner in der unmittelbaren Umgebung anzeigt, als eine Form der Informationsverarbeitung verstehen? Nein, hier geht es nicht um Wissensvermittlung, sondern um eine Form des Begehrens.

Freilich hat die Freisetzung des Begehrens einen Preis. Mögen wir uns daran erfreuen, dass die imaginären Freunde unser soziales Netz widerspiegeln, mögen wir in der Zahl der akkumulierten Kontakte einen Ausdruck unserer sozialen Wertschätzung sehen, so geht die Pflege unseres Profils doch mit Arbeit einher. In diesem Prozess verwandelt sich das eigene Selbst in eine Korporation, ist auch dem begriffsstutzigsten Facebook-Nutzer das Denken in Populationen (zum »Community-Management« umgetauft) längst zu einer Form der zweiten Natur geworden. Hier wandert eine Gedankenfigur in unser Denken, die der Soziologe Nobert Elias, beim Studium des Hofes Ludwig XIV., erstmals aufgebracht hat: die »Prestigewährung«. So wie die Adligen der damaligen Zeit bereit waren, ihre Güter aufzugeben, um am Hofe des Sonnenkönigs ein wenig Glanz zu erhaschen, lassen wir unsere Güter hinter uns, um in den sozialen Netzwerken die höchste Form des Kapitals, soziales Prestige, zu erringen. Folglich geht das Streben dahin, *horribile dictu*, den eigenen Arsch zu vergolden, ihn zum Kunstwerk, zur allseits geschätzten Sozialen Plastik werden zu lassen.

DIE LUST UND IHR PREIS

Diese Verwandlung überträgt die Sitten des 17. Jahrhunderts auf die Gesamtheit der heutigen Gesellschaft. Nicht zufällig führt sich ein jeder, aufgepumpt mit angemaßter Bedeutung, wie eine Art Königskind auf. Das Aufkommen der Prestigewährung, mit der wir uns sozial profilieren, steht jedoch für weit mehr als die Notwendigkeit der Selbstvermarktung, es steht für eine tiefgreifende Verwandlung unserer gesamten Ökonomie. Als sich der Ökonom Georg Franck Ende der achziger Jahre in einem kleinen Aufsatz der »Aufmerksamkeitsökonomie« zuwandte, schien das eine höchst abgelegene Frage, die selbst der Redakteur der Zeitschrift, die ihn abdruckte, als ziemlich verrückt bezeichnete. Dabei war Francks Gedankengang keineswegs abwegig. Ausgehend von der Beobachtung, dass Geld nicht mehr durch eine materielle Substanz, in der Regel ein seltenes Edelmetall gedeckt ist, stellte er die simple Frage, was unter den Bedingungen der Massenproduktion denn überhaupt knapp sei? Seine Antwort war schlicht, aber folgenreich. Das Einzige, was man nicht nach Belieben vervielfältigen könne, sei die Aufmerksamkeit des Konsumenten. Vor die

Wahl gestellt, ob man diese oder jene Fernsehsendung sehen wolle, müsse man sich für das eine oder andere entscheiden. Da auch die Produzenten um dieses knappe Gut, die Aufmerksamkeit, konkurrierten, könne man sie mit Fug und Recht als eine Währung auffassen. Konsequenterweise sprach Franck den Prominenten den Rang von »Aufmerksamkeitsmillionären« zu, folgte medialer Aufmerksamkeit doch stets ein entsprechend dotierter Werbevertrag. Allen damaligen redaktionellen Bedenken zum Trotz ist das Konzept der Aufmerksamkeitsökonomie seither geradezu explodiert. Schon lange bezieht es sich nicht mehr auf die Fernsehprominenz, sondern hat über das Internet die Alltagsbeziehungen erfasst. Die Anzahl der Hits, Likes und freundlichen Kommentare, die ein Nutzer zu generieren vermag, bestimmen seinen Attraktivitätsstatus; dieser Status wiederum erschöpft sich nicht bloß im Prestige, sondern hat ökonomische Folgen. Mag die Logik einer derartigen Ökonomie unterdes zu einer Binsenweisheit geworden sein, übersieht man jedoch, welch grundstürzende Verwandlung mit dem Konzept der »Aufmerksamkeitsökonomie« in die Welt gekommen ist. Denn nunmehr hängt der Preis einer Sache nicht mehr an der Seltenheit eines Gutes, sondern an der Wahrnehmung einer Person. Und dies gleich im doppelten Sinne, zum einen, insofern der Einzelne im Fokus der allgemeinen Aufmerksamkeit steht, zum anderen, indem er einem anderen seine Aufmerksamkeit schenkt oder verweigert. Die Kommunikation wird selbst kapitalisiert – ein Faktum, dass man nur dadurch ausdrücken kann, dass sich der Einzelne selbst zu einer Art Kapital, einer lebendigen Münze verwandelt.

Wie tief diese Transformation geht, wird klar, wenn man sie in ein Verhältnis zu dem setzt, was wir Güterökonomie nennen. Allein die Tatsache, dass wir von einer »Aufmerksamkeitsökonomie« sprechen, zeigt, dass unsere materiellen Güter längst in den Rang von Requisiten herabgesunken sind, geht es bei ihnen doch vor allem um den Glanz, den eine Person umhüllt. So bemüht sich die Werbung schon nicht einmal mehr darum, die Güte eines Produktes herauszustellen, sondern zeigt vielmehr, inwiefern dieses oder jenes Requisit das eigene Ego erhöht. Zwar hat das Ego, das sich als Hüter eines knappen Gutes, nämlich seiner Aufmerksamkeit, begreift, selbst eine gewisse Macht (die es als Konsument, wo es »mit seinen Daten zu bezahlen« vermeint, mit entsprechender Lautstärke einfordert); allerdings wird es dort, wo es sich selbst zu produzieren hat, mit der ganzen Härte der »Aufmerksamkeitsökonomie« konfrontiert. Denn hier stellt sich die Frage: *Wie kann ich die Aufmerksamkeit der anderen erringen?* Mit dieser Frage, oder genauer: mit der damit verbundenen Notwendigkeit, sich als Soziale Plastik selbst zu produzieren, kommt eine Dimension ins Spiel, die der nüchterne Begriff eher verdeckt. Denn Aufmerksamkeit ist keine neutrale Größe, sondern immer schon emotional, ja libidinös eingefärbt. Hier geht es um Sympathie und um Antipathie, nicht um eine vergleichgültigte, unpersönlich gewordene Wahrnehmung. Fast notwendig kommt die Erotik der Käuflichkeit mit ins Spiel, ist dabei kaum mehr zu unterscheiden, ob der Kaufakt oder das Objekt Ziel des Begehrens ist. So kann eine Studentin von ihren Aktivitäten in einem Partner-Forum erzählen, wo sich die Männer wie Artikel im Supermarkt anpreisen – und auch, wie schnell sich ein solcher Blick auf den Alltag überträgt. Auch das macht verständlich, warum es in den beiden vergangenen Dekaden zu einer massiven Aufrüstung der Selbstoptimierungs- und Selbstdarstellungstechniken gekommen ist, ja, warum sich die Selbstdarstellung von jeder Leistung hat abkoppeln können (wie im Falle der »Teppichluder«, jener Aufmerksamkeitspiratinnen, die die roten Teppiche entern und sich im Blitzlichtgewitter der Fotografen für ihre bloße Gegenwart feiern lassen).

Vielleicht lohnt sich an dieser Stelle ein kleiner Rückblick auf einen großen, aber vollends vergessenen Ökonomen: Sigmund Freud. Freud hat in seiner Studie »Der Witz und seine Beziehung zum Unbewussten« von dem Lustgewinn erzählt, den der Witz bedeutet. Freud zufolge besteht der Lustgewinn darin, dass der Witz, die traditionellen Vertriebswege unterlaufend, eine Art Kurzschluss herstellt – zumeist dadurch, dass er eine verschachtelte moralische Kette auf ihren verborgenen sexuellen Gehalt reduziert. Nun trifft Freuds Ökonomie des Witzes die Situation der postmateriellen Gesellschaft weit mehr, als er sich dies erträumt haben mag. Denn der Witz ist, wovon die Kühlschrank-Fabrikanten stets geträumt haben: das perfekte kapitalistische Gut. In dem Augenblick nämlich, da der Witz erzählt wird, macht er Platz für einen neuen Bedarf, vernichtet sich also selbst. In dem Maße, in dem unsere Wirklichkeit von den Gesetzen der »Aufmerksamkeitsökonomie« bestimmt wird, verwandelt sie sich zwangsläufig zur Scherzartikelökonomie. Dass Dinge ihres »Trash-Faktors« wegen goutiert werden – sei es, dass sie als Parodien ihrer selbst oder ihrer missratenen Machart herhalten müssen – bezeugt, dass wir nicht nur mit einem Gebrauchswert, sondern auch einem Missbrauchswert operieren. Die Castingshows, aber auch die Ekelveranstaltungen aller Art und Couleur, wären ein Beispiel – wie überhaupt das Terrain, dem sich die Privatfernsehsender mit großem Aplomb widmen. Wenn der Fernsehsender Tele 5, ansonsten eher für die Pflege des grotesken Bestiariums aus Killerinsekten, Riesenpiranhas oder mutierten Killertomaten berüchtigt, sein Weihnachtsprogramm mit dem Slogan »Der Trash zum Fest« annonciert, so ist dies eine gleichermaßen zynische wie hinreißend ironische Bestätigung der Freudschen Witzökonomie, ebenso wie der Untertitel, der dieser Ankündigung folgt: »Leider geil!« Tatsächlich liegt hier die große ungelöste Frage der »Aufmerksamkeitsökonomie«. Denn mögen wir uns schadenfroh daran delektieren, dass sich andere dem allgemeinen Spott aussetzen, so läuft die Ökonomisierung der Aufmerksamkeit darauf hinaus, dass auch das eigene Selbst zu einem solchen Gut wird. Unter den Gesetzen der »Aufmerksamkeitsökonomie« bin ich nicht bloß Produzent, sondern immer auch Trashfaktor – und schon deswegen mit der Forderung konfrontiert, die eigene Erscheinung zur Witzfigur machen zu müssen.

DIE ORDNUNG DER ZEICHEN

Eines können wir der Digitalisierung gewiss zusprechen: Sie hat unseren Begriff von Welt radikal entstofflicht. So wie wir uns in ein abstraktes Koordinatensystem, ins GPS-Netz, haben einbinden lassen, haben wir gelernt, mit Dingen umzugehen, die nur noch als Metaphern ihrer dinglichen Vorgänger herhalten: digitale Fotoalben, digitale Bücherwände, Kalender, Notizblöcke usw. Im Umgang mit ihnen begegnen wir Oberflächen, die eine Materialität vortäuschen, die sie längst nicht mehr besitzen. Nun ist dieses strukturelle Als-ob, das man im Design »Skeumorphismus« nennt, nur das Oberflächenphänomen einer sehr viel tieferreichenden Sinnes-Verschiebung, einer Verschiebung, die in ihrer Radikalität nur mit dem Einbruch des Visuellen in der Renaissance zu vergleichen ist.

Nehmen wir unsere Erkenntnis-Begriffe in den Blick (sic!), müssen wir festhalten, dass unser Erkenntnisapparat rein visuell gedacht ist. Wir sehen etwas in diesem oder jenem Licht, wir beleuchten Probleme – und nicht zufällig haben wir in der Aufklärung jene Philosophie gefunden, die der Vorherrschaft unseres Sehsinns das entsprechende Gedankengerüst unterlegt. Nun ist die Vorherrschaft des Visuellen nicht bloß ein Reflex auf die Bilderflut und das ästhetische Raffinement, das uns seit der Renaissance begleitet, sondern hat auch damit zu tun, dass dem zentralperspektivischen Sehen eine mechanische Dimension innewohnt. Wenn die Maler der Renaissance, um ihre Landschaften realitätsnäher zu gestalteten, eine auf eine Kutsche montierte portable *camera obscura* nutzten, so ist dies ein schöner Beleg dafür, dass das Konzept einer Bildverarbeitungsmaschine weit in die Geschichte zurückweist. Im Lichte dieser Geschichte ist es nicht mehr erstaunlich, dass wir unseren Kameras einen »objektiven Blick« auf die Wirklichkeit zusprechen, ja, dass wir die wissenschaftliche Denkweise selbst mit der mechanischen Weltsicht des Kameraobjektivs in eins setzen. Diese bislang unumstrittene Vorherrschaft des Sehens jedoch wird mit der digitalen Revolution fragwürdig – ein Punkt, der Anlass gibt, die Begründung dieser Denkfigur noch einmal genauer ins Auge zu fassen.

In Leonardo da Vincis »Buch über die Malerei« findet sich ein langer Passus, bei dem es um den Vergleich zwischen Malerei und Musik geht, genauer: um die Frage, warum die Musik die kleine Schwester der Malerei genannt werden müsse. Die Erklärung für den Vorrang der Malerei, so Leonardo, sei der Umstand, dass das Bild eine Ewigkeit festhalte, während die Musik nur eine ephemere Gegenwart besitze. Mag uns das Moment der Verewigung unmittelbar einleuchten, ist Leonardos Politik der Sinne im historischen Kontext alles andere als selbstverständlich. Denn wenn Leonardo auf der überdauernden, metaphysischen Qualität der Bilder insistiert, so versucht er die Malerei aus jener nachgeordneten Position herauszulösen, die sie in der mittelalterlichen Zeichenlehre innehatte (in der ein Maler kaum mehr als ein Anstreicher galt). Der scholastischen Lehre gemäß bemisst sich die Bedeutung eines Zeichens nach seiner Gottesnähe. Folglich stehen die mentalen Gebilde ganz oben, gefolgt von den Sprachzeichen, erst dann folgen die Bilder und die materiellen Zeichen, wie z. B. Spuren im Sand. Was an dieser Zeichenlehre frappiert – insbesondere, wenn wir sie in den Kontext der digitalen Welt stellen –, ist die Tatsache, dass der Abstraktionsgrad über die Bedeutung eines Zeichens entscheidet: je abstrakter, desto bedeutsamer. Diese Vorstellung entspricht exakt der Logik und den Wertschöpfungsketten der digitalen Welt. Die Zeichen, die der binären Logik des Computers am nächsten kommen, weisen mithin die größte »Gottesnähe« auf. Für die Programmierung bedeutet dies, dass zuoberst der Maschinencode angesiedelt wäre, dann folgten die Hochsprachen (wie C++ oder Java), dann die Script-Sprachen (wie JavaScript, Ruby oder PHP), schlussendlich die Datenströme selbst, die sich – der Geschwindigkeit der Datenübertragung folgend – in der Reihenfolge Text, Audio, Video gliedern. So besehen könnte man geradezu von einer Rückkehr des mittelalterlichen Zeichenbegriffs reden. Der Sehsinn ist nicht mehr erstrangiges Erkenntnisorgan, sondern lediglich ein nachgeordnetes Oberflächenorgan, auf dem sich Gedankenspuren abzeichnen. Auch wenn diese Verschiebung noch nicht in die allgemeine Reflexion gedrungen ist, so ist sie doch schon ein alltägliches Faktum, das sich beispielsweise in der Bezahlung ausdrückt, die für die entsprechenden Fertigkeiten geleistet wird: denn hier profitieren vor allem diejenigen, die über die größte »Gottesnähe« verfügen.

Der entscheidende Punkt dabei ist: Welterkenntnis ist nicht mehr über den Augenschein zu erreichen, sondern allein über die Totalabstraktion von aller Sinneserfahrung. Man könnte sagen, dass mit der digitalen Revolution die Welterfahrung auf den Kopf gestellt wird. Die sichtbare Welt ist nur mehr Symptom und Oberflächengeschehen: »Bedienoberfläche«, wie die schöne Wortprägung lautet. Will man hingegen verstehen, wie die Wirklichkeit – so wie wir sie konstruieren – beschaffen ist, mehr noch: Will man diese Wirklichkeit selbst mitgestalten, gilt es, die Gesetzmäßigkeit und Architektur der Programme zu analysieren. Dabei ist die entscheidende Voraussetzung, dass im Computer nichts ist, was es ist – dass man es mit einer abstrakten, geradezu utopischen Maschine zu tun hat. Folglich geht ein jeglicher Widerspiegelungsgedanke – und damit der Kern unseres Repräsentationsbegriffs – an der Besonderheit dieses radikal konstruktivistischen Denkens vorbei. Haben wir »Repräsentation« vor allem als ein geistiges und politisches Korsett aufgefasst, so kündigt sich das Ende der Repräsentation auch auf der Ebene unserer Sinneserfahrungen an. Was immer wir mit einer Wischbewegung aus dem Sichtfeld verbannen oder umgekehrt in den Vordergrund ziehen, ist eine ephemere Oberflächenerscheinung, der Geist einer Sache, die den Gesetzen der Simulation unterliegt. Wollen wir uns darüber verständigen, was Sache ist, so müssen wir uns vor allem über den Geist (das Betriebssystem) verständigen, der die Realität in Szene zu setzen vermag.

LOB DER WELTVERNICHTUNG

Die Philosophie der Natur werden wir am besten mit der Privation beginnen, das heißt: mit der Idee einer allgemeinen Weltvernichtung. Bezieht man diesen Satz, mit dem Thomas Hobbes seine Naturphilosophie beginnen lässt, auf das digitale Zeichen, so hat man das perfekte Exempel eines Weltvernichtungsverfahrens vor sich. Denn welches Objekt auch immer digitalisiert werden soll, es wird genötigt, seine spezifische Qualität abzulegen. Demgemäß ist, was auf einem Computerbildschirm erscheint, nicht mehr die Sache selbst, sondern nur mehr ihr Geist – das, was als Zahl, als Buchstabe oder als Farbe interpretiert wird. In diesem Sinne sind die endlosen Debatten über die vermeintliche Kälte des Computers (den vermeintlichen Qualitätsverlust bei einer digitalen Musikaufnahme etwa) in einem psychologischen Sinn durchaus berechtigt – artikuliert sich in ihnen doch die Ahnung, dass das digitalisierte Objekt eine Art Vernichtung durchläuft. Nur folgt diesem Vernichtungsakt seine Wiederauferstehung in digitaler Form, mit all den Vorzügen, die der neugewonnene Aggregatzustand mit sich bringt: die Möglichkeit der beliebigen Vervielfältigung, grenzenlose Handhabbarkeit, Modifikation, Kompression usf.

Die Digitale Renaissance, von der dieses Buch handelt, ist mithin alltägliche Praxis, ein Vorgang, der sich wieder und wieder ereignet. Und das Moment der symbolischen Zerstörung ist ein Charakteristikum der Programmierung überhaupt. So hat man in den Hochsprachen der Computerprogrammierung nicht nur einen Konstruktor, sondern auch einen *Destruktor* zur Hand – ein Werkzeug, mit dem das erzeugte Objekt aus dem Speicher entfernt wird. Überträgt man diese Logik auf unsere materiellen Architekturen (was im Übrigen tatsächlich geschieht), so hieße dies, dass man die zu errichtenden Gebäude gleich mit den Sprengschächten versieht, die eine möglichst geräuschlose Demontage des Bauwerks ermöglichen. Dieses Bauen auf Zeit mag unserem auf Dauer angelegten Denken zuwiderlaufen (in dem noch immer das *nunc stans*, der Verewigungsgedanke des zentralperspektivischen Bildes nachglüht), doch für das Verständnis unserer Computersysteme ist dieses Konstruktions-Destruktions-Prinzip fundamental.

Weil jeder Digitalisierungsakt eine symbolische Zerstörung darstellt, geht die Überführung von scheinbar simplen Dingen in einen Programmierungskontext mit einer vollständigen Zerlegung einher – mit dem Ziel, sie in umso grandioserer Form wiederaufzuerstehen zu lassen. Wenn wir über die Werbung mit sprechenden, fliegenden oder sonst wie animierten Alltagsgegenständen konfrontiert sind, so deswegen, weil große Teile unserer visuellen Welt längst auf dem Einsatz von 3-D-Rendering-Techniken beruhen. Nicht mehr die Technik der Kamera (die ja noch immer die Verlängerung einer Renaissance-Technik ist, der *camera obscura*), sondern der Computer dominiert unsere Bildproduktion. Nehmen wir als Beispiel ein simples Objekt, eine seltene Vase, die wir einem Bild hinzufügen wollen. Der erste Zerlegungsprozess besteht darin, dass man die Geometrie des Objekts in Form eines sogenannten »Wireframe« rekonstruiert, eines maschendrahtähnlichen Gebildes, das die Konturen des Objektes bzw. seinen Körper in Raumpunkte auflöst. Schon mit dieser Überführung ist eine Bedeutungsveränderung gegeben, denn von nun an kann der Gestalter das Objekt nach Belieben skalieren (wie in jenem schönen Magritte-Bild »Die Dinge des Lebens«, das unsere Alltagsgegenstände in riesenhafter Vergrößerung zeigt, ein Kamm so groß wie ein Schrank). Der zweite Zerlegungsprozess betrifft die Textur, die »Haut« des Objekts. Selbst wenn ich meine Vase genauso darstellen wollte, wie sie tatsächlich aussieht, würde ich die Geometrie von der Textur des Objektes trennen müssen. Diese Häutung hat den Vorteil, dass man dem Objekt nunmehr beliebige Texturen zuweisen kann, und zwar nicht nur eine, sondern eine Reihe von Texturen. Diese Texturen, die wie die Schichten einer Zwiebel übereinanderliegen, folgen unterschiedlichen Funktionen; einige repräsentieren die Oberflächen, andere bestimmte Materialien oder Eigenschaften (Lichtabsorption, Abschattungsverhalten, Spiegelungsvermögen usf.). In welchem Licht wir das Ding sehen, hängt also keineswegs von der Beleuchtung ab, sondern wird zu einem Attribut des Objekts selbst. So ist es nur logisch, dass das Objekt nicht nur eine Reihe von Texturen besitzt, sondern auch bestimmte, objektspezifische Leuchtkörper an sich binden kann.

Wie die Textur des Objektes sich von seiner Gestalt löst, so auch seine Physik. Physik bedeutet dabei nichts weiter als die Notation von bestimmten physikalischen Eigenschaften, die das Objekt mit anderen Objekten, die diese Physik teilen, interagieren lässt. Wie im Falle des Lichts (in dem die globale Beleuchtung nur einen Sonderfall darstellt), kann es letztlich so viele *Physiken* geben, wie es Objekte gibt – ist es beispielsweise kein Problem, jedem Ding seine eigene Gravitationskraft zuzuordnen. In Anbetracht all dieser Ablösungs- und Zerlegungsprozesse kann, ja muss man die Fragen aufwerfen, worin denn eigentlich der Objektcharakter dieses Gebildes besteht? Was, wenn sich alles zur Beschreibung auflöst, macht das Objekt zum Objekt? Wenn überhaupt, so gibt es eine Dauerhaftigkeit nur auf der Ebene der Daten (die folgerichtig mit einer Echtheitsmarke, einem digitalen Wasserzeichen, versehen wird). Die zu einer Serie von Binärdaten aufgelöste Datei aber hat mit dem materiellen Objekt so gut wie nichts mehr gemein. Genau auf dieser Ablösung aber beruht die Überzeugungskraft der Erscheinung. Nur auf dieser Basis kann das Objekt auf eine systematische Weise verformt, animiert oder in ein anderes Objekt überführt (gemorpht) werden. Kurz gefasst: Auch wenn die Vase, die schlussendlich auf dem Bild zu sehen ist, genauso aussieht wie die wirkliche Vase, so hat man es doch mit einem vollständig dekonstruierten Gegenstand zu tun – einem instabilen Element, dessen Energie, wie im Falle der radioaktiven Elemente, in seinem weiteren Zerfall liegt.

Schon diese kurze Beschreibung macht deutlich, wie unangemessen ein Begriff wie »Repräsentation« hier ist. Denn wenn das Gebilde, das am Ende zu sehen sein wird, die Vase repräsentiert (so wirklichkeitsgetreu, dass man keinen Unterschied wahrnehmen kann), handelt es sich doch nicht mehr um einen Abbildungsprozess. Vielmehr wird das Objekt in verschiedene, voneinander getrennte und eigenständige Funktionseinheiten zerlegt: Geometrie, Oberflächenstruktur, Licht, Physik, Animation, klangliche Erscheinungsform usw. Von Simulation zu sprechen wiederum bedeutet, dass all diese voneinander getrennten Funktionseinheiten wieder zu einem Ereignis zusammengeführt werden. Dieses Ereignis aber ist nicht, wie die Renaissance dies genannt hat, ein *trompe-l'œil,* also eine Augentäuschung, sondern die Täuschung unseres gesamten Sinnesapparats – eine Täuschung, die gerade deswegen möglich ist, weil das Objekt radikal entsinnlicht worden und jede analoge Anhaftung ausgemerzt worden ist.

Die Überführung eines Objekts in seinen digitalen Aggregatzustand (die Hobbessche Weltvernichtung) bewirkt etwas Hochparadoxes: Indem man die Identität des Objektes preisgibt und stattdessen verschiedene Sinnesbezirke und Funktionseinheiten in ein Verhältnis zueinander setzt, ist man genötigt, diese Bereiche in ihrer Eigengesetzlichkeit in Augenschein zu nehmen. Die Häutung des Objekts führt dazu, dass man die Texturierung und die Oberflächenerscheinung erforscht, die Physik dazu, dass man mögliche Welten entwirft, die Separierung des Klangs, dass man über die Psychologie des Geräuschs nachdenkt. Gerade weil das Objekt nicht mehr als Einheit vorausgesetzt werden kann, taucht die Frage auf, wie unser Sinnesapparat Objekte wahrnimmt, ja wie er selbst beschaffen ist. Plötzlich tritt die Wahrnehmung in den Vordergrund, tauchen Fragen auf, die niemals zuvor gestellt worden sind. Was dem Objekt widerfährt, widerfährt auch dem Betrachter. Indem er das Objekt in einzelne Sinnbezirke zerlegt, erfährt er den eigenen Wahrnehmungsapparat als ein Kompositum. Und so wie sich das Objekt nicht mehr als Identität fassen lässt, so wenig vermag sich der Betrachter als abgeschlossene Einheit zu begreifen. Stattdessen öffnen sich ihm Blick-, nein, eigentlich *Denk*winkel, die mit dem Sehen, Hören, Fühlen, das heißt: der Wahrnehmung überhaupt zu tun haben. Nun bezieht sich unsere Wahrnehmung nicht mehr auf eine materielle, sondern auf eine simulierte, in diesem Sinn: vollständig künstliche Dinglichkeit. Wie weit sich dabei die psychische Realität von der sensorischen Realität abkoppeln kann, kann man schon daran ermessen, dass die Klänge, die wir unseren Filmbildern zuordnen, synthetisiert werden müssen, um überzeugend zu wirken – während das Geräusch einer wirklichen Explosion demgegenüber ganz und gar unpassend klingt. Das ist die Paradoxie: dass das Einzige, was wir letztlich dingfest machen können, die Art und Weise ist, wie wir unsere simulierte Welt wahrnehmen.

F: Alles ist Schein, Täuschung, Simulation.

A: Wenn du es philosophisch nimmst, vielleicht. Trotzdem möchte ich auf etwas anderes hinaus. Darauf nämlich, dass die Art und Weise, wie wir die Objekte behandeln, auf uns selbst zurückwirkt.

F: Ist es doch Wahnsinn, so hat es doch Methode. Etwa so?

A: Vielleicht liegt das Wesen einer Gesellschaftsordnung darin, dass alle dem gleichen Wahnsystem folgen. Und da geht es nicht um eine naturwüchsige Identität, sondern um die Methode, also die Art und Weise, wie man das Welt- und Selbstbild entwirft. Wenn wir uns als Subjekte bezeichnen, so basiert das darauf, dass man sich im zentralperspektivischen Projekt die Welt der Objekte vorgenommen hat, ja, die Welt selbst zum Objekt hat werden lassen. Das haben wir in diesem schönen Wort »Gegend« vor uns. Damit ist die Landschaft gemeint, die uns gegenübersteht – uns also wie ein menschliches Gegenüber entgegnet. Dieses Weltverhältnis aber ist relativ jung. Erst mit der Renaissance stellen wir uns die Landschaft (und damit auch die »Realität«) als Gegenüber vor.

F: Du denkst an Petrarca, der den Mont Ventoux hinaufgestiegen ist?

A: Ja, das ist ein wunderbares Exempel. Es gibt keinen einzigen Bericht aus dem Mittelalter, dass jemand, um einer solchen Ansicht wegen, einen

Berg hochgekraxelt wäre. Aber wenn ich nur dadurch zum Subjekt werde, dass ich mir auf eine spezifische Weise ein Objekt vornehme, muss die
Veränderung der Objektbeziehung auch die Art und Weise, wie ich mich
selbst begreife, verändern.

F: Und du sieht da eine Parallele zur Renaissance?

A: Eine Verwandtschaft, aber eben auch eine Ablösung. Das merkt man
schon daran, dass die Wörter, die wir für unsere Erkenntnisakte benutzen,
nicht mehr hinreichend sind. Da sprechen wir von Vorstellungen, Blick-
winkeln, Aspekten, Einsichten, davon, dass etwas in diesem oder jenem
Licht besehen werden will. Das ist alles – und zwar komplett – der zentralperspektivischen Bildbetrachtung entliehen. Aber dieses Projekt ist Geschichte, es hilft uns heutzutage einfach nicht mehr weiter.

F: Das verstehe ich. Aber warum diese reißerische Überschrift? Warum
soll da ein Lob der Zerstörung angestimmt werden, wenn es doch um
etwas ganz Simples, auch Nachvollziehbares geht?

A: Weil wir, wenn wir dieser Idee von der Weltvernichtung folgen, nicht
nur die Dinge der Natur zerstören müssen, sondern auch das liebgewor-
dene Bild unserer selbst. Wenn ich das auf das Bild des brennenden Schiffs
beziehe, das ja schon mehrfach angeführt worden ist, so heißt es: Nicht
nur der Staat oder die überkommenen Gedankenfiguren der Repräsentation, wir selbst sind diejenigen, die brennen.

F: Ach, komm …

A: Du reagierst genau so, wie jeder normale Mensch auf diesen Satz reagieren würde! Du wehrst ihn ab. Einfach deswegen, weil er dir wie ein
Griff in die Eingeweide vorkommt. Dass die Welt eine Täuschung sein

könnte, ficht dich nicht an, aber in dem Augenblick, da diese scheinbar simple, nachvollziehbare Logik dein Innerstes affiziert, gilt sie nicht
mehr.

F: Mich stört bloß das Pathos daran.

A: Ach, ja? Gleich wirst du mir sagen: Ich als Wissenschaftler wünsche mir
ein bisschen mehr Exaktheit.

F: Ja, das wäre nicht schlecht.

A: Genau diese Formel: Ich als Wissenschaftler, Arzt oder Politiker –
das funktioniert nicht mehr, sowenig wie die Rollenmodelle, an denen
wir uns ausrichten. Natürlich können wir uns einreden, dass alles beim
Alten geblieben ist, aber die Art und Weise, wie wir die Welt entwerfen,
führt uns ad absurdum. Das ist vielleicht unser größtes Dilemma. Wir
müssten brennen, aber wir tun's nicht. Wir sind ganz cool, aber diese
Coolness ist keine wirkliche Abgeklärtheit, sondern bloß eine Vortäuschung.

F: Wer gibt denn schon gern zu, dass er keine Ahnung hat? Das wäre doch
eine Form der Selbstvernichtung.

A: Genau diese Haltung führt dazu, dass wir uns wie Ertrinkende an
Denkfiguren festklammern, die uns irgendwann mit in die Tiefe ziehen
werden. Das, was wir Wissenschaft nennen, flockt ja zunehmend aus –
so sehr, dass die Nachwuchswissenschaftler nicht selten dazu übergehen,
ihre Forschungsergebnisse ihren Wünschen anzupassen. Würde man sich
darauf einlassen, dass es schon deswegen keine exakten Wissenschaften
geben kann, weil die Wissenschaft selbst eine Erfindung ist, so wäre das
eine Befreiung! Man würde nicht mehr einfach so Naturwissenschaft trei-

ben können, sondern müsste sich klar werden, dass auch die Wissenschaft eine Form der Welterzeugung, also eine Wunschmaschine ist. Deshalb: Lob der Zerstörung!

ICH

Wenn hier ein Lob der Zerstörung angestimmt wird und nicht mehr von Objekten, sondern von einem brennenden Selbst die Rede ist, ist ein Moment äußerster Radikalisierung erreicht – ein Moment, das man als *Autodafé* bezeichnen könnte. Mag die Selbstverbrennung ein Schreckbild darstellen, lehrt uns die Sprache, dass wir in dem Augenblick, da wir für etwas brennen, erlöst sind von den Leiden der Selbstbezüglichkeit. Gleichwohl scheint diese Form der Leidenschaft nur unter denjenigen verbreitet, die die künftige Welt zu gestalten verstehen. Die überwiegende Mehrheit der Zeitgenossen frönt noch immer dem Phantom jenes Selbst, das die Renaissance uns als Vermächtnis hinterlassen hat. Und so wie das Ende des Mittelalters mit einer merkwürdigen Schwemme von Heiligen zu kämpfen hatte, erleben wir, dass sich der Sternenhimmel über uns mit dem zweifelhaften Licht immer unbedeutenderer Berühmtheiten füllt.

Mag das aufpolierte Ego noch eines der erstrebenswertesten Ziele sein, so bekommt die repräsentative Fassade doch heftige Risse. Nicht nur, dass die Vorbauten und Blenden, die man zu ihrer Aufrechterhaltung benötigt, immer aufwendiger und kostspieliger werden, darüber hinaus bringen die neuen digitalen Techniken hinterrücks jene Logik ins Spiel, die auf die Abschaffung eben dieses Selbst abzielen. Wenn die makellose, immer gleiche Schönheit auf dem Cover der Fernsehwochenzeitungen nur mit den Mitteln von Photoshop zu erreichen ist, so ist dies ein Beleg dafür, dass die Simulationstechniken längst in unsere Vorstellungswelt eingewandert sind. Folglich laufen die chirurgischen oder diätischen Mittel, die eingesetzt werden, um diesem Bild zu entsprechen, auf einen Kampf gegen Windmühlen hinaus. Hier zeigt sich ein Paradox, das charakteristisch für das Spätmittelalter war: dass nämlich die Mittel, die einen Epochenriss bewirkten, zuallererst nicht für das Neue, sondern für die Aufrechterhaltung des Alten genutzt wurden. Zu dieser Schlussfolgerung sind auch Lucien Febvre und Jean-Henri Martin bei ihrer Untersuchung des europäischen Buchdrucks gelangt. Anstatt das Neue zu suchen, habe man vor allem das Alte wiedergekäut, mit dem paradoxen Effekt, dass das 15. Jahrhundert mit dem Denken des Mittelalters viel vertrauter gewesen sei, als dieses mit sich selbst war. In genau diesem Sinne bewirken die digitalen Techniken eine Entfesselung der Repräsentationstechniken, ja sie verleiten die Nutzer zu einem regelrechten Repräsentations-Delirium. Wo das Plagiat nicht einmal mehr die Mühe des Abschreibens erfordert, ist es nicht verwunderlich, dass sich eine Form des *Copy-Pasting* breit macht, die fundamentale Begriffe der Textproduktion vergessen hat: stilistische und gedankliche Konsistenz. Die Affäre um unseren schneidigen Verteidigungsminister a. D. hat zumindest eines gezeigt: Die alten Begriffe von Autorschaft und Text-Integrität sind verschwunden – und zwar nicht auf Seiten des Plagiators allein, sondern auch auf Seiten der Gutachter, ja der breiten Öffentlichkeit überhaupt. Dass man sich, quasi entschuldigend, darauf beruft, dass derlei Texte nie geschrieben worden seien, um gelesen zu werden, dass es einzig darum ging, sich der Früchte dieser Scheinproduktion zu erfreuen, mag eine ewige Wahrheit des universitären Diskurses sein; mehr als der Zynismus des Arguments versetzt die dummdreiste Naivität des Plagiats in Erstaunen, also der Umstand, dass der Verfasser, der aus einer großen Datenbank alle erdenklichen Versatzstücke in seinen Text kopierte, nicht auf den Gedanken gekommen ist, dass man diese Einzelstücke ebenso mühelos wieder ausfindig machen könne (sich aus diesem Grunde auch nicht einmal veranlasst sah, die Spuren seines hemmungslosen Abschreibens zu verwischen). Mit dieser Frage nähern wir uns der Psychopathologie des Zeitgenossen, der mit der Fälschung ein grandioses Selbstbild zu etablieren versucht, letztlich aber als der betrogene Betrüger dasteht. Dabei ist der psychologische Mechanismus weit interessanter als der Umstand der Fälschung selbst. Die Antwort ist keineswegs so schlicht, wie man dies annehmen könnte. Im Grunde nämlich oszilliert der Betreffende zwischen zwei Ordnungen, die gleichermaßen affektiv besetzt sind. Steht die Welt der Repräsentation für jene magischen Bilder der Vergangenheit, die unsere Kultur mit den entsprechenden Rollenvorbildern bestückt haben, so erlaubt die Simulationstechnik andererseits, sich diese Rolle quasi unter Einkaufspreis überzustreifen. Der falsche Doktor reklamiert das Gewicht einer Tradition für sich, deren Gültigkeit er mit seiner *Copy-Paste*-Operation doch selbst widerlegt. Im Grunde fällt er gleich zweimal auf die Verführung der Medien hinein, einmal dadurch, dass er das Alte nur mehr zu simulieren weiß, zum anderen, dass er die Gesetze der Simulation (und ihre Fallstricke) nicht versteht.

F: Das ist doch ein Einzelfall! Wie kannst du von dem auf andere schließen?

A: Mich fasziniert an diesen Fällen eigentlich immer nur das Detail, also die Frage, wodurch der Betrug letztlich auffliegt. Einer dieser Fälle hat mich sehr belustigt, einmal, weil er den amerikanischen Finanzminister John Connally betraf, der unter der Regierung Nixon die Märkte ins *free floating* geführt hat, zum anderen, weil Connally nicht über irgendein äußeres Problem, sondern über sein Selbstbild gestolpert ist.

F: Und?

A: Während Connally sich also Weltwirtschaftsfragen widmete, braute sich daheim eine blöde Affäre zusammen, da ging es um Vorteilsgewährung gegenüber texanischen Milchproduzenten, für die sich Connally gegen Gewährung eines kleinen Geldgeschenks stark gemacht hatte. Das tat er so nachdrücklich, dass seine Kollegen, als die Geschichte im Kabinett durchgewunken wurde, witzelten, darauf müsse man ein Glas Milch trinken, jetzt, da sie noch so billig sei. Trotzdem fiel die Geschichte irgendwann auf. Der Mittelsmann aus der texanischen Milchindustrie war in die Bredouille geraten und hatte den FBI-Beamten gesteckt, dass der Ex-Finanzminister bestechlich gewesen sei. Connallys Verteidigungsstrategie war simpel. Man habe ihm das Geld gezahlt, bevor er zum Finanzminister ernannt worden war – folglich habe das eine mit dem anderen nichts zu tun. Was das Geld anbelangt, so habe er es einfach in dem Schließfach vergessen, wo er es vor Jahren deponiert hatte. Natürlich hatte er das Geld erst dann im Schließfach deponiert, als die Geschichte aufgeflogen war – aber dabei war ihm ein blöder Fehler unterlaufen. Da die amerikanischen Banknoten immer die Unterschrift des Finanzministers tragen, unter dessen Ägide sie gedruckt worden sind, hatte er zwar die Banknoten mit seiner eigenen Unterschrift aussortiert, aber nicht bedacht, dass es einen Nachfolger gab und infolgedessen Banknoten neueren Datums in das Bündel hineingerutscht waren.

F: Wie peinlich.

A: Natürlich, da hast du recht, ist das ein Einzelfall. Aber hinter dieser individuellen Fehlleistung steckt doch eine allgemeinere Frage: Wie kommt es, dass man die Erleichterungen der Technik immer nur als Erweiterungen des eigenen Selbst auffasst, niemals aber auf den Gedanken verfällt, dass sie die Spielregeln insgesamt verändern? Da erscheint das Telefon und man denkt, wunderbar, jetzt kann ich Gott und die Welt anrufen, aber trunken von der Erweiterung des eigenen Handlungsfeldes kommt man nicht auf den Gedanken, dass einem mit dem Telefon umgekehrt auch die Welt ins Haus fällt.

F: Aber ist das nicht verständlich? Man hat doch immer zuerst die eigenen Wünsche im Blick.

A: Und sie sind so übermächtig, dass sie dich geradezu blind dafür machen, dass du gerade nicht an ihrer Einlösung, sondern an ihrer Verunmöglichung arbeitest.

F: Wie meinst du das?

A: Da ist zum Beispiel dieser Unternehmensberater, der ein so grandioses Bild von sich hat, dass er nicht als Coach, sondern als Philosoph von sich reden machen möchte. Also sitzt er tagelang an seinem Wikipedia-Artikel, schönt seine Vita, kontaminiert die Wikiquote mit seinen Kalendersprüchen – und übersieht bei alledem, dass die Architektur der Wikipedia nicht nur ihm, sondern auch allen anderen Nutzern Schreibrechte gibt, dass die Auseinandersetzung um seinen Artikel festgehalten wird und dass ihm folglich jedermann bei seinem grandios scheiternden Selbstvermarktungsversuch zuschauen kann.

F: Du meinst, ein solches Verhalten ist symptomatisch für uns?

A: Wir nutzen die Computerwelt, um etwas zu simulieren, das es schon lange nicht mehr gibt.

F: Dieses grandiose Bild unserer selbst, das wir anderen weismachen wollen.

A: Wir produzieren uns. Unaufhörlich. Zugleich aber scheitern wir beständig darin – und statt uns zu fragen, ob in diesem Scheitern nicht eine Form der Zwangsläufigkeit liegt, suchen wir nur nach einer besseren Methode, nach irgendeiner Killerapplikation, die uns das Geschäft der Selbstoptimierung in Zukunft abnehmen wird.

EGO-SHOOTER

Tatsächlich sind unsere Selbstporträts nicht bloß ihrer dilettantischen Machart wegen, sondern aus strukturellen Gründen zum Scheitern verurteilt. Schaut man zurück, sieht man, dass unsere Ego-Ausstattung nichts Naturgesetzliches ist, sondern eine Verheißung, die auf die Renaissance zurückgeht. Erstmals nämlich begannen Maler ihre Werke zu signieren, stand die Unterschrift, die ein Finanzier unter einen Wechsel setzte, für seine Person und seine Absichten ein. In diesem Sinn ist es kein Zufall, dass das erste signierte Bild der Kunstgeschichte (Jan van Eycks »Arnolfini-Hochzeit« von 1434) einen Wechsler zeigt und darüber hinaus der Maler sich auf dem Bild selbst verewigt hat. Wir haben bereits darüber gesprochen, dass die Intellektuellen des Mittelalters darüber klagten, sie seien, wenn sie denn einen eigenen Gedanken in die Welt setzen wollten, genötigt, ihn einem Alten Meister in den Mund zu legen. Diesem Ahnenkult aber entwindet sich der Universalkünstler der Renaissance. Daher all die Porträts, die mit jeder Falte die Unvergleichlichkeit des Individuums feiern. Dabei findet die Revolution nicht nur auf den Porträts statt, sie schreibt sich auch der Gesellschaftsordnung ein. Das Rechtssubjekt, das mit seiner Unterschrift eine freie Willenserklärung leistet, bildet den Nukleus unseres Rechtssystems. Jede Unterschrift, die wir leisten, zollt dieser Ordnung Tribut. Hatte die Entfesselung des Individuum-Begriffs durchaus einen historischen Sinn, erleben wir zunehmend, dass dieses Gesellschaftskostüm zur Fessel wird. Der Maler, der die immer gleichen Nägel in seine Bilder schlägt, der Künstler, der sich zum *brand*, zum Markenzeichen machen muss, all die Lebensläufe, die ein Flair von Individualität verströmen, aber doch nur ausgeborgte Versatzstücke sind – dies alles läuft zusammen in dem paradoxen Befund, dass wir gerade in dem Maße, in dem wir uns dem Kult des Individuums unterwerfen, nicht das eigene, sondern das Leben der anderen führen.

So besehen ist die Fälschung, das schnelle *Copy-Paste*, fast eine gesunde

Widerstandsreaktion. Was hier abgeliefert wird, ist nicht Identität, sondern Alterität. Halten wir uns die Boolesche Formel des $x = x^n$ vor Augen, so wird leicht ersichtlich, dass auch sie den alten Identitätsgedanken kurzerhand sprengt. In die Welt unserer Psyche übersetzt, besagt sie: Ich bin ein Anderer. Ich bin eine Vielheit. Ich bin die Serie meiner Verwandlungen. Dieses Gesetz der Alterität lässt sich an der Logik der zeitgenössischen Computerspiele (die nicht von ungefähr »Ego-Shooter« heißen) exemplifizieren. So wie die Sehstrahlen des zentralperspektivischen Bildes im Auge des Betrachters zusammenlaufen, sieht sich der Spieler im Zentrum des Geschehens. Alles, was um ihn herum geschieht, ist auf ihn zugeschnitten. Das Spiel fungiert als Bild, in das man einsteigen kann – und in dem man eine Rolle zugewiesen bekommt. Diese Rolle ist der eigentliche Sehnsuchtspunkt, der Grund, warum sich der Spieler im Spielgeschehen verliert: das Versprechen einer Alterität, die man sich überstreifen kann, wie der Schauspieler, der in eine andere Rolle schlüpft. Wenn die Pädagogen darin eine Weltflucht sehen, so ist dieser Befund keineswegs falsch, verweigert sich der Spieler doch jener Individualitätszumutung, die uns auferlegt, das eigene Profil zu einem stimmigen Gesamteindruck zu machen. Allerdings greift diese Verweigerungsdiagnose viel zu kurz. Vergleicht man die Logik des Spiels mit der Logik der Zentralperspektive, so sieht man, dass hier eine ähnlich revolutionäre Konstellation waltet. An die Stelle des Bildes und des Fluchtpunktes hat sich das Spiel und die Rolle gesetzt, an die Stelle des Sehsinns und der Kontemplation ist das Ganzkörpererleben getreten, an die Stelle der Identität: Alterität.

MEIN AVATAR

Ich trage eine Datenhülle mit mir herum. Eigentlich ist das viel zu abschätzig formuliert, denn in meinem Seelenleben nimmt diese Hülle eine sehr viel prominentere Rolle ein, erscheint sie mir geradezu wie ein eigenständiges Wesen: mein Zwilling. Mein Zwilling mag in mancherlei Hinsicht schwer von Begriff sein, aber er hat ein unbestechliches Gedächtnis und ist von erstaunlicher Langmut. Schon deswegen bin ich auf ihn angewiesen. Er ist mein Gedächtnis, mein Orientierungssinn, meine Brieftasche, bis zu einem gewissen Grad ein Teil meiner selbst. Verlöre ich ihn oder wäre genötigt, ihn durch ein anderes Exemplar zu ersetzen, würde ich mich beraubt fühlen, wie ein Autor, dem ein handgeschriebenes Manuskript abhandengekommen ist. Um diesen GAU zu verhindern, folge ich einem Back-up-Plan und lege in regelmäßigen Abständen Sicherheitskopien an. Allein dieser Akt erinnert mich daran, dass mein Zwilling eine eigentlich unabhängige, technische Entität ist. Im täglichen Umgang fühlt er sich an wie mein eigen Fleisch und Blut. Wie wichtig er für mich ist, wird mir klar, wenn ich über die unmittelbare Begegnung hinaus mit jemandem in Verbindung treten möchte. Denn er bewahrt sämtliche Schlüssel, Daten usw. für mich auf. Er ist mein Sozius, er öffnet mir die Türen zu anderen Menschen, Institutionen und zu den Zwillingsgestalten, die wiederum andere Menschen von sich angelegt haben. Zugleich fungiert er als Hausmeister, der meinen Gerätepark instand hält. Manchmal stelle ich mir vor, dass, wenn ich durch einen Unfall ums Leben käme, nichts von mir bliebe als dieser Schatten. Eigentlich wäre es angemessen, wenn er mein Ableben betrauerte – wahrscheinlicher ist, dass er (als eine Art lebendiger Epitaph) über meinen Tod hinaus ansprechbar bliebe. Mir zum Gedächtnis. Andererseits erfüllt mich diese Möglichkeit mit Befremden. Denn er kann so viel mehr über mich preisgeben als jeder andere Mensch dies vermag. Ich habe ihm alles anvertraut. Meine Unkenntnisse. Meine Schwächen. Meine Geheimnisse. Meine Korrespondenz. Meine Profile, all diese Partial- oder Funktionsexistenzen, die ich im Laufe meines Lebens angelegt habe. Wie jeder Mensch habe auch ich etwas zu verbergen. In diesem Sinne fällt mein Zwilling in jene Körperzone, die mit angelsächsischem Euphemismus so treffend »private parts« genannt wird. Meine Scham. Die Geschlechtlichkeit meines Zwillings ist vielleicht das größte Rätsel. Meinerseits, als Mann, spreche ich von einem ER, eine Frau würde ihren Zwilling wohl SIE nennen. Beide wissen wir, dass unser Zwilling im Grunde geschlechtslos ist, dass ES (wie die Griechen dieses Genus getauft haben) dem Geschlecht der Geräte angehört. Genau darin liegt vielleicht das größte Geschenk, das mein Zwilling mir macht. In seiner Leidenschaftslosigkeit erlaubt er mir, meine Wünsche zu artikulieren. Ein Gender-Swap? Kein Problem. Ein Ausflug in die dunkelsten Kammern meiner Begierde? Voilà, wie hättest du's gern? Wie ein Psychoanalytiker bringt er mich dazu, das Unaussprechliche auszusprechen. Tatsächlich ist der Umstand, dass mein Zwilling mich mit einer Tarnkappe versieht (dass ich sehen kann, ohne gesehen zu werden), identisch mit einem voyeuristischen, letztlich pornografischen Blick. Das ist nicht neu – das Schlüsselloch, die frühe Fotografie oder der Film haben das lange zuvor schon besorgt. Neu ist lediglich, dass die Menschen dies in massenhafter Form tun. Wie in den erotischen Maskenbällen des Fin de Siècle führt dies zu eigenen Formen. Man könnte sagen, dass wir hinter unseren Masken eine Zwillingswelt erzeugen, eine Welt, in der sich unsere Perversionen elaborieren, in Taxonomien ordnen, fein säuberlich mit Etiketten versehen werden. Alle Schauerlichkeiten dieser Welt erwarten mich hier – und sie treffen auf meine Schaulust, einen Voyeurismus, der existiert, den ich aber nur ungern eingestehen mag.

Nie im Himmel käme mein Zwilling auf den Gedanken, mich deswegen zu kritisieren. Gelegentlich weist er mich auf die eine oder andere Gefahr hin, ansonsten aber bleibt er Chronist des Geschehens. Weise ich ihn an, etwas aus seinem Gedächtnis zu tilgen, kommt er meiner Aufforderung nach. Seine Chronistennatur macht ihn zu meinem statistischen Selbst, einer Längsschnitt-Studie meiner Aktivitäten. Dieser Aspekt gehört zu seinen erstaunlichsten Eigenschaften. Denn nehme ich seinen Blick auf mich ein, kann ich auf mich selbst hinabschauen wie auf eine Landkarte. Ich sehe die Wörter, die ich benutze, kann verfolgen, welchen Aktivitäten ich wann und wie lange nachgehe, entdecke, in welche sozialen Netze ich eingebettet bin. Und mit alledem breiten sich die Fieberkurven meines Lebens vor mir aus, kommt es mir vor, als ob ich in mein eigenes Hirn hineinschauen könnte. Empfindungen, die ehedem nur eine nebulöse Wirklichkeit hatten, werden urplötzlich zur Kartografie, auf der sich die Bahnungen meines Lebens abzeichnen, die Wege, die meine Aufmerksamkeit nimmt, die Punkte, wo sich meine Affekte verknoten. In diesem Sinn wirkt mein Zwilling wie der Wahrheitsspiegel des Märchens. Er sagt mir, wer ich bin und wo ich stehe, vielleicht auch, wohin es mich morgen treiben wird. Ist mir danach, könnte ich ihn anweisen, ein Fitness-, Diät-, Was-auch-immer-Programm für mich zurechtzustellen. Ob Chronist, Beichtvater oder Drill-Sergeant – welche Rolle auch immer er angewiesen bekommt, er wird sie ausfüllen. Geduldig, klaglos, mit vollem Verständnis. Vielleicht ist es diese geradezu übermenschliche Geduld, die ihn letztlich über mich selbst erhebt. Denn er überschaut meine Leidenschaften, ohne sie zu empfinden; ihm fehlt die Beziehung zu meiner Natur, aber gerade deswegen hat er doch Kenntnis von ihr. Und so ist mein idealer Zwilling dem Dämon verwandt, von dem bislang vor allem als Schreckbild die Rede war, als Über-Es, einem über uns allen thronenden Monster. In diesem Kontext erscheint er mir allerdings wie ein wunderbarer Begleiter, ein Spiegel, in dem ich mich selbst wiedererkenne.

UNTER CYBORGS

Manchmal erzählen die Wörter, erzählt ihre Wandlung die ganze Geschichte. Die Virtualität beispielsweise. Das lateinische Wort *virtus*, das die Tugend bezeichnet, ist dem *vir*, dem Mann, abgeleitet. Dem militärischen Ideal entsprechend steht es für die Mannhaftigkeit, die sich als Weisheit, Gerechtigkeit, Tapferkeit und Mäßigung ausdrückt. Im christlichen Mittelalter werden diese Tugenden noch um die drei christlichen Kardinaltugenden Glaube, Liebe, Hoffnung erweitert. Allerdings fällt die

Systematisierung der Tugendlehre zusammen mit ihrem gesellschaftlichen Zerfall. Im Schatten des heraufkommenden Kapitalismus tun sich überall moralische Grauzonen auf. Konsequenterweise streift die Renaissance diesen Ballast ganz ab und deutet die *virtù* komplett um. Pico della Mirandola (dessen »Würde des Menschen« als Grundlagentext, ja als Manifest der Renaissance gelesen wird) kommt zu der erstaunlichen Aussage, dass die Würde des Menschen daher rühre, dass er einem Chamäleon gleiche. Das Vermögen, je nach Erfordernis in diese oder jene Rolle zu schlüpfen, wird zum Schlüsselkonzept, ja zur Kardinaltugend des neuen Zeitalters. Hatten die christlichen Theologen versucht, die *virtutes* in der Liebe aufgehen zu lassen, beginnt nun die Stunde der Realpolitiker, die von der Macht reden. Die strategisch betriebene Camouflage, die Scheinproduktion, der höhere Zweck, der fragwürdige, ja höchst unmoralische Mittel zu heiligen vermag – all diese machiavellistischen Gedankenfiguren werden der Tugend einverleibt. *Virtù* bedeutet also nicht mehr eine konkrete Pflicht, sondern beschreibt vor allem die Fähigkeit, das Gesellschaftsspiel auf möglichst vollkommene Weise zu spielen.

Wenn die Welt als Bühne und die öffentliche Person als Schauspieler erscheint, ist es nicht mehr verwunderlich, dass schließlich der Virtuose selbst zur Idealfigur wird. Er ist der Abgeordnete, der den weniger Begabten vorführt, in welche Sphären der Perfektion der Einzelne vordringen kann. Wie der Sehstrahl des zentralperspektivischen Bildes in die Tiefe des Raums vordringt, so durchmisst der Virtuose den Raum des Möglichen. Ein Funktionär der Kunst, der Literatur, der körperlichen oder geistigen Selbstüberwindung, dient er den anderen als Vorbild. Vollständig in einer bestimmten Funktion aufzugehen, ist die Matrix, die unseren gesellschaftlichen Idealtypen noch immer zugrunde liegt, sei es der Sportler, die Schönheit, der Schauspieler, der Politiker oder geniale Erfinder usw.

Die Karriere unseres Virtualitätsbegriffs jedoch macht sichtbar, dass die große Zeit des Einzelkämpfers vorüber ist – oder dass er nur in augmentierter, gedopter Form zu überleben vermag. Wenn im postheroischen

Management die Durchschnittlichkeit der neuen Führerfiguren als Qualität ausgegeben wird, ist dies ein Beleg für den Bedeutungsschwund des Virtuosen – einfach deswegen, weil man die Virtuosität nun dem Gesamtsystem überantwortet. Die Entmachtung des Virtuosen jedoch basiert darauf, dass Fertigkeiten, die ehedem Individuen überantwortet waren, nunmehr von Maschinen und abstrakten Funktionssystemen ausgeführt werden können. Der Computer, als universale Maschine, führt der Gesellschaft vor Augen, dass der Virtuose, so perfekt er auch sein mag, niemals die Perfektion der Maschine erreichen wird.

A: Das erste Mal, dass ich das wirklich vor Augen hatte, war, als ich mit den Sequencern und Notationssystemen der achtziger Jahre konfrontiert war. Wenn man Klavier gespielt hat und mit Czernys »Schule der Geläufigkeit« konfrontiert war – also mit der Aufgabe, sich im Spiel zum Hochgeschwindigkeitsartisten auszubilden –, und wenn man dann sieht, dass man diese Geschwindigkeit maschinell nach Belieben hochziehen kann, fragt man sich einfach, welchen Sinn ein solches Training überhaupt hat.

F: Entschuldigung, aber jetzt reduzierst du den Virtuosen auf die bloße Technik! Aber was den Virtuosen zum Virtuosen macht, ist doch die Inspiration, das Genie des Augenblicks!

A: Du möchtest also darauf hinaus, dass wir den Virtuosen *unplugged* betrachten, unter Absehung seines Instrumentariums.

F: Ja, klar. Ein Automat hat weder Aura noch Bühnenpräsenz.

A: Dir ist schon klar, dass das bereits eine Verschiebung des Virtuositätsbegriffs ist. Denn wenn wir fragen, was bleibt von ihm übrig, wenn wir all die Mikrophone, Verstärker usw. von ihm abziehen, ist das eine Frage, in die sich bereits ein tiefer Zweifel am Virtuosen eingeschrieben hat. Zu seiner Ehrenrettung bringen wir jetzt seine Echtheit und seine Unverwechselbarkeit ins Spiel. Aber das sind Kategorien, die nicht mehr auf dem virtuosen Umgang mit dem Instrument beruhen, sondern ganz anderen Bezirken entlehnt sind.

F: Ich wehre mich nur gegen den Maschinenfetischismus, den du da ins Spiel bringst.

A: Ich geb dir ein Beispiel. Das muss gegen Ende der Achtziger gewesen sein, eine Zeit, in der ich viel Zeit im Tonstudio verbracht habe. Da kam ein wunderbarer Pianist ins Studio, spielte eine Schubert-Sonate ein – und ging wieder. Aber weil der Flügel computerisiert war, war nicht nur der Sound aufgezeichnet, sondern auch der Anschlag des Pianisten gespeichert worden. Und so konnte der Fingerabdruck des Virtuosen wie von Geisterhand wieder in Gang gesetzt und nach Belieben weiterverarbeitet werden. Das hat mir vor Augen geführt, dass auch das Genie des Augenblicks, von dem du sprichst, zu einem Steinbruch werden kann, dass der Virtuose längst in die Virtualität überführt worden ist.

Schaut man sich in unseren Städten um, so sehen wir überall Menschen, die versonnen auf ihren Smartphones herumtippen, telefonieren, spielen oder ihre Kontakte verwalten, die sich zugestöpselt in irgendwelchen Sphärenklängen verlieren oder lauthals in ihr Handy hineinbrabbeln, als gäbe es keine unmittelbare Gegenwart mehr, als wären die Menschen, die dort eine Armeslänge entfernt stehen oder gehen, Bewohner eines Paralleluniversums. So allgegenwärtig ist dieser Anblick, dass uns darüber vollkommen entgeht, dass dieser Menschentyp dem entspricht, was man ehedem unter einem »Cyborg« verstand. Wenn uns dieser Begriff vor allem die martialischen Bilder des Terminators in Erinnerung ruft, dieser Techno-Chimäre, mit der die letzten Tage der Menschheit anheben (diese wieder und wieder ausgemalte Techno-Apokalypse, in der die Künstliche

Intelligenz gegen das, was von der menschlichen Rasse übrig geblieben ist, Krieg zu führen beginnt), so folgt diese Bilderwelt jener Dramaturgie, in der die Technik vor allem als Fremdkörper in Erscheinung tritt. Die ursprüngliche Bedeutung des Begriffs war sehr viel bescheidener. Bezogen auf das Bild des Astronauten, der in einer lebenswidrigen Umgebung technischer Hilfs- und Überlebensmittel bedarf, meinte er nichts weiter als den kybernetisch augmentierten Organismus. Da wir unterdessen alle auf die Hilfe von Smartphones angewiesen sind, ja uns ein Leben ohne derlei Hilfsmittel nicht mehr vorstellen können, ist die Schlussfolgerung angebracht, dass wir in der letzten Generation zu »Cyborgs« mutiert sind. Mag es noch immer Menschen geben, die dem mit Abscheu begegnen, so ist uns die kybernetische Augmentierung so selbstverständlich geworden, dass sie uns als eine Form der zweiten Natur erscheint, die uns umgibt wie Luft zum Atmen.

Nun beschreibt diese Verwandlung nicht nur den Schwund altmodischer Kommunikationstechniken, sondern bezeugt umgekehrt auch eine neue Schule der Geläufigkeit, eine Geläufigkeit, die sich nicht mehr auf dieses oder jenes Instrument, sondern auf den Umgang mit der universalen Maschine bezieht, die längst zu einem alltäglichen Kleidungsstück, einer Form des Habits geworden ist. Wenn im Umgang mit diesem Instrumentarium Nutzer, die keine einzige Note schreiben können, zu Komponisten werden, andere zu Designern oder zu Architekten komplexer Erlebniswelten (und all dies, ohne die speziellen Fertigkeiten zu besitzen, die ehedem dafür vonnöten waren), so könnte man von »virtuellen Virtuosen« sprechen. Dabei rührt die Virtuosität dieses neuen Menschenschlags nicht daher, dass sie den eigenen Körper zum perfekten Instrument zurichten, sondern dass es ihnen im Umgang mit programmierter oder programmierbarer Virtuosität gelingt, ihrerseits etwas Neues zu schaffen. Das, was am Ende herauskommt, ist stets virtuell, eine Verschmelzung von kollektiver Intelligenz und persönlicher Note, von maschineller Intelligenz und dem Beitrag des Einzelnen.

In metaphorischer Form ist dieser Zustand schon im Bild der elektrisierten Mönche vorweggenommen. Hat die Massengesellschaft den Einzelnen zum Zeitungsleser, Radiohörer und Fernsehzuschauer gemacht, so ist er nun an den »Humanprozessor« angeschlossen, ist es ihm fast überall möglich, über das konkrete Hier und Jetzt hinauszugehen. In diesem Sinne agieren wir notgedrungen zerstreut: Mischwesen, die sich im Hier und Jetzt, aber gleichermaßen in den Netzen aufhalten. So lehrt uns die Alltäglichkeit unserer Praktiken, dass die Trennung letztlich künstlicher Natur ist: Wenn uns das Smartphone den Weg weist, so wird es zu einem ausgelagerten Orientierungssinn, so wie die Wikipedia als eine Form des erweiterten Wissens erscheint (wie die Studentin, die während meines Vortrages überprüft, ob das, was ich sage, tatsächlich der »Wahrheit« entspricht).

Dabei hat sich die größte Revolution fast untergründig vollzogen. Unversehens nämlich ist unsere Vorstellung darüber, was in unserer Welt als Schriftzeichen fungiert, einem dramatischen Bedeutungswandel anheimgefallen. Zwar gehen wir, wenn wir an Schrift denken, noch immer von jener Kindheitserinnerung aus, die uns als ABC-Schützen zeigt, aber in der Datenwolke, die uns umhüllt, sind wir längst selbst zu wandelnden Schriftzeichen geworden: Ganzkörperzeichen, die sich dem System einschreiben, ob uns das gefällt oder nicht. Die digitale Schrift erfasst all unsere Sinne – und noch viel mehr, denn sie bezieht unseren Erinnerungsapparat und unser Selbstbild mit ein. Nun mag das Unfreiwillige, ja Unbewusste dieses Vorgangs uns daran hindern, dies als einen Akt der Autorschaft aufzufassen – allzu groß ist der Kontrast zu dem, was man gemeinhin der Schriftoperation zuschreibt: Bewusstheit und Intentionalität. Und dennoch: Mag diese Schrift auch keinen eindeutigen Autor mehr haben, so ist sie doch lesbar. Wie ein Lügendetektor, der unsere Wahrheit ans Licht bringt, schreibt ES mit. Unaufhörlich.

KUNST

In einer kleinen Erzählung, die Franz Kafka kurz vor seinem Tod im Jahr 1924 veröffentlichte, erzählt er die Geschichte eines Hungerkünstlers, der in der Hungerkunst, als buchstäblich genommener Disziplin, neue Maßstäbe setzen möchte. In dem Maße freilich, in dem er es hier zur Meisterschaft bringt, erlahmt das öffentliche Interesse an seiner Kunst. So verliert der Hungerkünstler nacheinander sein Publikum, seinen Impresario, schließlich auch das Gedächtnis derjenigen, die seine Kunst bestaunt haben. Auf der letzten Station seines Abstieges findet er sich, als eine Art besserer Aufmerksamkeitsstopper, als Käfiginsasse im Zirkus wieder. Direkt neben den Käfigen, in denen die wilden Tiere hausen, bleibt ihm nichts, als weitgehend unbemerkt seiner Hungerkunst nachzugehen. *Er mochte so gut hungern, als er nur konnte, und er tat es, aber nichts konnte ihn mehr retten, man ging an ihm vorüber. Versuche, jemandem die Hungerkunst zu erklären!*

Man kann in dieser kleinen Parabel das Porträt des Künstlers sehen, der – getrieben von der Unzufriedenheit mit sich selbst – seine künstlerische Bestimmung nicht mehr in der enthemmten Kunstproduktion sieht, sondern dem es im Gegenteil darum geht, sich all der Sinnesgenüsse zu enthalten. Programmatisch entspricht die Hungerkunst dem ästhetischen Minimalismus, dem auch die karge Sprache Kafkas huldigt – mit dem Unterschied, dass in der Hungerkunst das minimalistische Credo auf die Spitze, in eine existenzielle Dimension hineingetrieben ist. Durch die Reduktion auf die Körperlichkeit wird die Möglichkeit sichtbar, dass der Künstler zum Opfer des eigenen Kunstwillens werden kann. So wie die Revolution ihre Kinder frisst, so lässt auch die Hungerkunst, die immer weiter in Richtung Abstraktion fortschreitet, den Künstler verschwinden. In diesem Sinn ist es keine zufällige Pointe, dass der Hungerkünstler neben dem Raubtier platziert wird – bezeugt die Nähe, dass die Furie des Verschwindens von ähnlicher Gewalt ist wie die Gefräßigkeit des eingekerkerten Raubtiers.

Kafkas Parabel zeigt in erzählerischer Form jenen Bedeutungsschwund, den wir auch in Hinsicht auf den Virtuosen festgehalten haben. Dieser Bedeutungsschwund folgt einer historischen, zwangsläufig anmutenden Logik. So wie der König seines Kopfes beraubt wird, verliert der Künstler, das Königskind der Moderne, seine Einzigartigkeit – und zwar nicht, weil es keinen Bedarf mehr an Kunst gäbe, sondern weil der Künstler selbst zu einem Störfaktor wird. An seine Stelle tritt die Fantasie des Zuschauers, selbst Auslöser des Geschehens zu sein. Dass das Mündel Vormund sein möchte, ist keineswegs ein Produkt der jüngsten Zeit. Schon Wagner hat um der Steigerung des Effektes willen seine Orchestermusiker im Orchestergraben, also in der Versenkung, verschwinden lassen. Demgemäß besteht der zeitgemäße Kunstgriff darin, die Performance nicht als einen Akt der Kunst, sondern als Naturgeschehen zu inszenieren. Der Preis dieses Verfahrens freilich ist nichts anderes als die Hungerkunst, besteht die Aufgabe des Künstlers fortan darin, mit seiner Kunst auch die eigene Person zum Verschwinden zu bringen. Es fällt nicht schwer, in dieser Logik einen Nachklang jener Initiale zu sehen, die wir schon mehrfach bemüht haben: den elektrischen Mönch, der mit der Berührung der Batterie seinem Publikum eingemeindet wird. Ist schon der moderne Künstler, wie ein Marcel Duchamp ihn begriffen hat, nicht mehr Schöpfer, sondern nur noch Katalysator, derjenige, der einen Wahrnehmungsakt mit einem Goldstrich adelt (und sei es die Entdeckung, dass auch ein Pissoir als schön aufgefasst werden kann), so geht nun auch dieses letzte Distinktionszeichen an jenen Lümmel über, der meint, sich mit dem Joystick zum Herren des Geschehens aufwerfen zu können.

Es ist evident, dass sich hier ein tiefer Graben zu den klassischen Repräsentationskünsten auftut. Denn hier glänzt nicht mehr das heroische Einzelwesen, das sich, wie es so schön heißt, seine eigene Welt schafft, sondern derjenige, der es vermag, jene Konfigurationen und Settings zu entwerfen, die dem Nutzer das Gefühl geben, selbst Künstler zu sein. Weil der eiserne Vorhang, der die Darsteller vom Publikum trennt, durchlässig geworden, ja überhaupt verschwunden ist, reden wir nicht mehr vom Publikum, sondern von *Nutzern*. Die Folge ist paradox: Mag der Künstler langsam in der Versenkung verschwinden, hat sich doch die Kunstzone ausgeweitet. Im Grunde wird alles Kunst. Bühne. Theater. So besehen ist der allgemeine Kreativitätsverdacht, der unsere Gesellschaft erfasst hat, fast eine Folgerichtigkeit: Triumph der Kunst, die sich zu einer Form der artifiziellen Natur verwandelt. In Kafkas Parabel wird der leere Käfig, den der von seiner Kunst dahingeraffte Hungerkünstler hinterlassen hat, von einem jungen Panther gefüllt, einer Bestie, die zwar kaserniert, aber doch von unerhörter Lebenskraft ist: *dieser edle, mit allem Nötigen bis knapp zum Zerreißen ausgestattete Körper schien auch die Freiheit mit sich herumzutragen; irgendwo im Gebiss schien sie zu stecken; und die Freude am Leben kam mit derart starker Glut aus seinem Rachen, dass es für die Zuschauer nicht leicht war, ihr standzuhalten. Aber sie überwanden sich, umdrängten den Käfig und wollten sich gar nicht fortrühren.*

DER FRASS DES ABSTRAKTEN

Aber ist das Verschwinden des Hungerkünstlers ein Verlust? Wenn schon diese Frage befremdet, so deswegen, weil das Bild des Künstlers noch immer vom Ideal des 19. Jahrhunderts gespeist ist: dem Originalgenie, das sich seine eigene, fantastische Welt zu schaffen vermag. Diese Position freilich ist in einer Welt wie der unsrigen überkommen, nicht zuletzt deswegen, weil all diese Erfindungen mit unserer Realität nicht mehr Schritt halten können. So hört man in den Romanen das Papier rascheln, führen uns die bildenden Künstler Artefakte oder Ereignisse vor, die ihre eigene Musealisierung betreiben, verwandeln sich die Theater zu Nischen, die vor allem gegen die eigene Bedeutungslosigkeit anspielen. Es ist kein Zufall, dass sich die Kunst in der kritischen Geste erschöpft. Aber wenn man sich von dem ernährt, was man bekämpft, entsteht Komplizenschaft. Und unversehens findet sich der kritische Künstler in der Rolle des höfischen Künstlers wieder, eines besseren Lakaien oder Hofnarren, dessen höchstes Interesse im Wohlergehen seines Herrn liegt. Folglich kann das Königskind der Moderne jener Revolution, die sich vor seinem Auge entfaltet, nur mit Schrecken begegnen.

Wenn Kafkas Hungerkünstler auf die Frage, was ihn zu seiner Hungerkunst bewege, entgegnet, dass er die Speise, die ihm bekomme, noch nicht gefunden habe, so sagt dies mehr noch als über die Psychologie des Künstlers etwas über die Funktion der Kunst überhaupt aus. Denn ihre Legitimität rührt nicht daher, dass sie zu unterhalten vermag, sondern dass sie bereit ist, das, was unsere Wirklichkeit an Speise zu bieten zu vermag, zu verschmähen – um anderer, besserer Genüsse willen. Freilich setzt dieser Akt eine Form der Welterkenntnis voraus, das Wissen darum, was die Welt an Genüssen zu bieten hat. Diese Welterkenntnis jedoch gestaltet sich in dem Maße, in dem sich die Zeichen von der Materialität lösen, zunehmend schwierig. Will man unsere Welt begreifen, so ist man genötigt, tief und tiefer in jene Logik der Abstraktion einzusteigen, in der nicht mehr die Oberflächen regieren, sondern jene abstrakten Konzepte, die unsere Soziale Plastik bestimmen.

DENKEN IM NIRGENDWO

Hat man ein Tafelbild vor sich, so ist es nicht sonderlich schwer, sich den Akt der Bildproduktion vorzustellen. Wir haben einen Rahmen, eine Leinwand und eine Farbpalette – und es gilt die Regel, dass alles sichtbar werden muss. Im Reich des Tafelbilds ist der Maler ganz Auge, so wie der Musiker, der sich in seinen Klanggebilden verliert, ganz Ohr ist. Wo aber bin ich, wenn ich jene empfindsame Fläche programmiere, die ein Bild oder einen Ton aufrufen mag, im gleichen Augenblick aber meine Datenbank mit statistischen Nutzerdaten füttert? Während die Geste des Malers sich sogleich in die Sichtbarkeit übersetzt, werde ich niemals sicher sein können, ob der Nutzer die in der Codierung verborgenen Angebote tatsächlich aufruft, sowenig wie ich sicher sein kann, dass er die akustischen Genüsse goutiert – mag ja sein, dass er seinen Lautsprecher ausgestellt hat. Weder herrsche ich über den Rahmen, noch kann ich die Zeitlichkeit des Geschehens voraussagen. Ich weiß nicht, ob mich das sonderlich stört. Tatsächlich bedeutet der Akt der Programmierung eine merkwürdige Entrückung. Denn auch wenn ich damit beschäftigt bin, Bilder oder Töne auf den Bildschirm zu zaubern, sind mir die Objekte, die das Erscheinen und Verschwinden der Bilder und Töne bewirken, sehr viel näher, als die audiovisuellen Phänomene es sind. Dieses Objekt beispielsweise, das ich *Humanizer* getauft habe und das bewirkt, dass in unregelmäßigen Abständen ein kleines Störgeräusch zu hören ist. Nicht dasselbe, sondern eines, das aus einem Pool gleichartiger Geräusche zufällig hervorgeholt wird. Was mich daran bezaubert, ist, dass eine endliche Menge von Klangelementen ein Gefühl von Unendlichkeit hervorrufen kann, ja, dass dieses kleine, immaterielle Objekt mich in Erstaunen zu versetzen vermag, wie die Wundertüten meiner Schulzeit. So gesellt sich der Virtualisierung des Augenblicks eine Ästhetik des Kontrollverlusts hinzu, betrachte ich die Datenbank nicht als toten Container, sondern eher wie ein lebendiges Gebilde, das auf eine strukturierte, gleichwohl unvorhersagbare Art und Weise reagieren wird.

Mein Hauptaugenmerk liegt genau an dieser Schnittstelle, dieser Fläche, die vielleicht am treffendsten als Spiegel mit Gedächtnis charakterisiert werden kann. Zum Beispiel könnte ich ein kleines Programm schreiben, das die Mausbewegungen des Nutzers aufzeichnet – und dies wiederum könnte zur Steuerung der Bildschirmhelligkeit genutzt werden, oder dazu, dass sich die Mausgeschwindigkeit des Nutzers verlangsamt, je hysterischer er seine Maus bewegt. Sagt man vom Künstler, dass er ganz bei sich sei, so bin ich programmierenderweise ganz außer mir. Tatsächlich ist die Art und Weise, wie jener mir völlig unbekannte Nutzer sich durch den Raum bewegen wird, das eigentliche Abenteuer. Nicht nur, dass ich meinem Programm beibringen kann, sich sein Verhalten zu merken, ich könnte mich auch an die Programmierung eines Objekts machen, das diesen Daten wiederum die prägnanten Muster entlockt, ja das überhaupt lernt, sich auf verschiedene Nutzertypen einzustellen.

Versucht man, der »Kunst der Programmierung« im Feld der Künste einen Ort zuzuweisen, könnte man von einer Art des *mentalen Theaters* sprechen. Haben Malerei oder Musik die Dominanz eines bestimmten Sinnesorgans betont, gibt es hier keinen herausgehobenen Sinn mehr. So wie sich der Nutzer zum Ganzkörperzeichen verwandelt, verwandelt sich das programmierte Gebilde zum Gesamtkunstwerk: zur Gleichzeitigkeit der Sinne, die mal den einen, mal den anderen Wahrnehmungsmodus anspricht. Allerdings ist es fraglich, ob man im traditionellen Sinn noch von einem »Werk« sprechen kann. Denn die Veränderlichkeit meines Programms ist von vorneherein mitgedacht. Versuche ich, diese durch und durch abstrakte Leinwand in den Blick zu nehmen, stelle ich mir so etwas wie eine Art Gedächtnistheater vor – eine Bühne, die nicht nur die sorgsam einstudierte Inszenierung, sondern auch die Zwischenrufe der Besucher aufzunehmen vermag, und dies nicht nur einmal, sondern wieder und wieder und wieder. Ganz langsam – aber mit einer gewissen Zwangsläufigkeit – verschiebt sich meine Aufmerksamkeit von der Inszenierung zu den Reaktionen des Publikums. Im Grunde verändert diese Verschiebung des Blicks den Charakter meines Gegenstands selbst. Gewiss, ich arbeite noch immer daran, dass die Maschine Töne, Bilder und Texte auf dem Bildschirm erscheinen lässt, aber mehr noch als die Gestaltung und Synchronisierung der verschiedenen Medien erscheint mir das Publikum selbst als Gegenstand meines Tuns, ist mir, als ob ich in Wahrheit etwas anderes, eine Soziale Plastik modellierte.

Vielleicht liegt hier der Schlüssel zur Antwort. Wenn ich außer mir bin, so weil ich versuche, all die verschiedenen Menschen und Reaktionsweisen auf das Programm zu antizipieren. Als Resonanzkörper des Sozialen ähnele ich den elektrisierten Mönchen, spiele ich wieder und wieder durch, wie sich die Sensationen in diesem »Humanprozessor« weitergeben. Dabei (das habe ich im Laufe der Zeit gelernt) ist, was ich einspeise, häufig nicht viel mehr als ein Katalysator, kann die soziale Energie, die die Nutzer in diese empfindliche Fläche einspeisen, viel größer sein als alles, was ich mir selbst auszudenken vermag.

DAS GENIE DES KOLLEKTIVEN

Wenn die romantische Kunst den Begriff der Autopoiesis geprägt hat, also eines Werkes, das sich gleichsam selbst zeugt (»Zeichne eine Linie und folge ihr«), so hat sie damit die Künstlichkeit der Kunst in den Blick genommen. Anstatt sich mit der Wiedergabe der Welt zu beschäftigen (also dem bloßen Abklatsch der Realität), möge der Künstler reine, sich selbst zeugende Zeichen in die Welt setzen. Dies Programm einer nicht abbildenden, sondern aus sich selbst schöpfenden Kunst hat die Idee des Originalgenies entstehen lassen – und damit das Bildnis des modernen Künstlers. Diagnostizieren wir im Bild des Hungerkünstlers den Tod dieser Gattung, so hat sich die Bewegung hin zur Abstraktion keineswegs erledigt. Ganz im Gegenteil. Der Akt der Programmierung verstärkt diese Tendenz geradezu, denn hier werden Gebilde in die Welt entlassen, die keinerlei Vorbild mehr haben in der Natur, die in diesem Sinn auch keine Repräsentationsfunktion mehr erfüllen (im Sinne einer Wiedergabe). Das Programm ist auf eine Weise künstlich, wie es keine Kunst zuvor je hat sein können. Ein weiteres kommt hinzu. Dadurch, dass sich das Programm dem Kollektiv einschreibt, ist die Exklusivität der Kunstrezeption aufgehoben. Indem ich das Zeichen berühre, werde ich, wie einer der elektrisierten Mönche, selbst ergriffen. Die Trennung zwischen dem Künstler und seinem Publikum scheint aufgehoben. Konnte der Kunstgenuss nur betrachtender, rezipierender Natur sein, so vermag sich der Nutzer nun selbst einzuschalten. Die Möglichkeit der sozialen Intervention verändert den Charakter des Werkes: Nicht nur, dass es dieser Offenheit folgend zu einem »work in progress« wird, darüber hinaus verliert es den Charakter eines bloßen Anschauungsobjekts – es wird zur sozialen und sozialverbindlichen Wirklichkeit, zum Programm. Dadurch aber verwandelt sich nicht nur das Kunstwerk selbst, sondern auch das Soziale. Wir selbst werden Programm.

Die Gesellschaft, das haben uns die sozialen Netzwerke gelehrt, ist ein durch und durch künstliches Gebilde. Hätte man einem Menschen der vordigitalen Ära weismachen wollen, dass in Zukunft Konzepte wie *Crowdsourcing* oder *Free To Play* an der Tagesordnung sein werden, ja, dass sich Menschen selbst (wie im französischen Dating-Portal »adopte un mec«) wie Artikel im Supermarkt anpreisen, so hätte er das wohl als eine aberwitzige Zukunftsfantasie abgetan. Aber schon die alltägliche Internetkommunikation lehrt uns, dass man nicht von einer naturgegebenen Gesellschaftsordnung ausgehen kann, sondern dass soziale Bande über Programmarchitekturen geknüpft werden. Facebook, Twitter, LinkedIn, Xing oder Meetup – all diese Portale verändern die Art und Weise, wie Menschen miteinander kommunizieren. Als simples, aber schlagendes Beispiel wäre die Applikation »Bang with Friends« zu nennen, bei der ein Nutzer diejenigen seiner Facebook-Freunde auswählt, die er sexuell attraktiv findet. Kommt es zu einem Match, d. h., artikuliert auch das begehrte Gegenüber ein solches Interesse, werden beide darüber in Kenntnis gesetzt. Die Software dient hier, in einem gleichermaßen psychoanalytischen wie informatischen Sinne der »Übertragung«, einem Begehren, das ansonsten (aus Schamgefühl oder aus Angst vor Zurückweisung) niemals artikuliert worden wäre.

Stellt man diese virtuellen Gemeinschaften unserem autochthonen, noch immer in der Nationalität wurzelnden Gesellschaftsbegriff gegenüber, so kann man nicht umhin, dies als einen Ebenenbruch zu diagnostizieren. Die programmierte Gesellschaft ist per se utopisch. Sie basiert nicht auf irgendeinem Bluts-, Clan- oder Nationalitätsbegriff, sondern auf einer Programmarchitektur, die eine Ökonomie des Begehrens materialisiert – und zwar auf eine Weise, die ohne Vorbild ist. Hier bloß von einer virtuellen Gesellschaft zu sprechen, greift viel zu kurz. Denn wir können, quasi in Jahresringen, verfolgen, wie die Programme unsere Gesellschaft verändern, wie sie unsere Vorstellungen darüber, was Ökonomie, Bildung, ja die Fundamente unserer Gesellschaft selbst sind, in ihren Grundfesten erschüttern.

MORAL

Zweifellos verändert die digitale Tarnkappe unser Verhalten, öffnet sie doch eine Welt, die vordem undenkbar war. Nicht alles, was möglich wird, ist begrüßenswert. Wenn sich die Nutzer an den Peinlichkeiten ihrer Mitmenschen delektieren, als Teil eines digitale Mobs bei einer Hetzjagd auf irgendein Opfer mittun oder als Internet-Trolle andere mit wüsten Beschimpfungen überziehen, so haben wir es mit den dunklen Seiten der neugewonnenen Freiheit zu tun: einer digitalen Enthemmung. Der Hauptgrund, dass hier die Hüllen und mit ihnen die moralischen Bedenken fallen, hat damit zu tun, dass man den virtuellen Raum als ein soziales Nirwana betrachtet – eine Sphäre, die so künstlich ist wie die Gegner in einem 3-D-Shooter, die der Spieler fühllos oder gelangweilt niedermäht. Tatsächlich dient die Künstlichkeit der Umgebung den Übeltätern als Erklärung des eigenen asozialen Verhaltens, bringen sie als Entschuldigung vor, dass sie das Ganze als eine Art Spiel betrachtet hätten. Nun ist die Empfindung, dass das Netz eine imaginäre Welt ist, die nur von Avataren bevölkert ist (»flüchtig hingemachten Menschen«, wie Daniel Paul Schreber, der Klassiker unter den Paranoikern, seine Wahngebilde genannt hat), nicht nur den digitalen Wegelagerern zu eigen, sondern eine weit verbreitete Grundhaltung. Demgemäß wird die Simulation als eine Art Maskenball, als falsche, bloß vorgetäuschte Wirklichkeit aufgefasst – ein Gedanke, der uns nicht nur die Aufrechterhaltung moralischer Freiräume, sondern auch die Stabilität unserer »wirklichen« Wirklichkeit garantiert.

Freilich haben wir schon verschiedentlich darauf hingewiesen, dass sich das Kommunikationsprotokoll als Gesellschaftsprotoll niederschlägt – ja, dass in dem Maße, in dem die Avatare unsere Alltagskommunikation bestimmen, sich neue Fragen stellen, Fragen, die sehr viel tiefgreifender sind als die Benimmregeln der »Netiquette«. Wenn die Renaissance den Virtuosen, und mit ihm: die flexible Moral zum gesellschaftlichen Idealbild gemacht hat, so ist dies keineswegs eine zeitspezifische Besonderheit, die so, aber auch ganz anders hätte ausfallen können. Ganz im Gegenteil: Die Wandlung des Begriffs macht deutlich, wie sehr der Tugendkanon einer Zeit mit ihren Denk- und Produktionsweisen zu tun hat. Der säkulare Staat etwa wäre ohne Politiker vom Schlage eines Machiavelli nicht denkbar gewesen; so wie andererseits eine Moral, die versucht hätte, die Grenzen der Repräsentation auszuhöhlen, nicht lebensfähig gewesen wäre.

Als Bewohner einer neuen Welt, in der die Gesetze der Simulation gelten, ist evident, dass hier eine neue gesellschaftliche Ordnung entsteht, ja, entstehen muss. Hält man sich die Notwendigkeit einer solchen »Politik der Simulation« vor Augen, begreift man, dass die digitale Enthemmung nur ein Übergangsphänomen ist. Folglich wird auch die Virtualisierung unseres Tugendbegriffs nicht auf ein moralisches *anything goes* hinauslaufen, sondern neue Verpflichtungen mit sich bringen. Wenn die Zeiten sich ändern, warum nicht auch die Sitten?

ETHIK DER SIMULATION

Ein Bereich, in dem die Logik des Computers zuerst gesellschaftliche Anwendung und Akzeptanz fand, waren Simulationen. Welche erstaunliche Wandlung der Simulationsbegriff nahm, wird an der Biografie des Computerpioniers Jay Forrester deutlich, der in den späten vierziger Jahren den ersten Flugsimulator entwarf und dann an jenem großen computergestützten Raketenabwehrprogramm namens »Whirlwind« arbeitete, dessen Zweck darin bestand, den amerikanischen Luftraum vor dem Abwurf einer sowjetischen Atombombe zu bewahren. Standen diese Planspiele noch ganz im Kontext der Bombe, so nahm Forresters Karriere Mitte der fünfziger Jahre eine eher ungewöhnliche Wendung. Denn nun begann er seine an militärischen Fragen, vor allem an der Vorhersage von Raketenflugbahnen geschulten Computermodelle an der *Sloane School of Management* am MIT zu verbreiten. Bezogen sich seine ersten Simulationen auf Fragen der Lagerhaltung, öffnete sich seine Fragestellung und dehnte sich auf urbanistische und stadtplanerische Problemstellungen aus. Hinter alledem stand ein ökonomisches Modell, das Forrester selbst *system dynamics* getauft hatte. Novum dieses Verfahrens war, dass die Ökonomie nicht mehr in Form eines statischen Gleichgewichts betrachtet, sondern als hydraulisches System von Zu- und Abflüssen aufgefasst wurde. Forresters Simulationstechnik fand weltweit Beachtung, als Ende der sechziger Jahre der *Club of Rome* die Grenzen des Wachstums aufzeigte. Obwohl die Simulation hier nur eine analytische Funktion hat, gibt sie mit der Frage, wie man mit begrenzten Ressourcen umgehen solle, doch die Richtung vor. Indem die Computersimulation die materielle Natur in die Virtualität überführt, erlaubt sie Probehandeln. Man ist nicht mehr genötigt, die Ressourcen selbst anzugreifen, sondern kann Möglichkeiten der besseren und schonenderen Nutzung durchspielen, mit dem Ziel, einen höheren Wirkungsgrad zu erreichen. Tatsächlich hat sich diese Vorstellung, in Gestalt eines sich selbst tragenden, regenerativen Energiesystems, schon tief in unserer Gesellschaft etabliert – auch wenn der Bezug zum virtuellen Raum nicht augenfällig ist. Die Probleme jedoch, die sich in diesem Feld ergeben haben, weisen genau auf dieses Defizit hin. Denn was im System der erneuerbaren Energien fehlt, ist das *Smart Grid*, jener computergesteuerte Kontrollraum, der die Energieeinspeisung koordiniert und aus unserem Energiehaushalt eine große Festplatte macht. Dieser Mangel betrifft nicht nur die Anwendung, sondern ist selbst noch im Feld der Theorie zu Hause. Wenn die ökonomischen Theorien an etwas kranken, so an der Tatsache, dass sie noch immer an altmodischen Gleichgewichtsvorstellungen hängen, einer letztlich statischen und naiven Weltsicht, die (wie Forrester sagt) der vordigitalen Ära verhaftet bleibt – eine Fundamentalkritik, die sich aus dem Mund eines 95-Jährigen überaus amüsant ausnimmt. Gleichwohl hat sich auch hier, mit der Verschiebung der Ökonomie zur Ökologie, der Begriff des Systems (oder etwas populärer: der Umwelt) im Kollektivgedächtnis verwurzelt. In eine Maxime übersetzt, lautet die Forderung, dass man die Ressourcen der Welt schonen und auf eine Art und Weise nutzen soll, die das System selbst nicht nachhaltig in Mitleidenschaft zieht.

Was genau haben wir uns unter dem System vorzustellen? Der Gedanke, dass man das System durch einen Umwelt- oder Schöpfungsbegriff ersetzt, ist durchaus naheliegend, trotzdem geht der systemische Handlungsrahmen darüber hinaus. So muss er auch den symbolischen, d. h. technologischen Raum mit hinzudenken.

Dass man das Internet unter dem Blickwinkel der Nachhaltigkeit betrachten sollte, es vor Kontamination, aber auch vor einer gedanklichen oder strukturellen Vermüllung schützen muss, wird merkwürdig – vielleicht auch futuristisch – anmuten, dennoch werden über kurz oder lang diese Aspekte in der Internetkommunikation eine Rolle spielen. Schon jetzt kommt ihnen im Sinne der Nutzung eine Bedeutung zu. Wenn Ladezeiten zu lang sind, ein Interface nicht übersichtlich genug, eine Webarchitektur umständlich zu bedienen ist, wird dies als eine Form des Datenmülls aufgefasst.

Beschränken sich die Forderungen auf die praktische Nutzung des virtuellen Raumes, so wären die moralischen Forderungen, die sich aus der Globalität des Netzes ableiten, sehr viel folgenreicher. Die generelle Frage, die sich hier stellt, lautet: Was eigentlich ist das Netz? Wie weit dehnt es sich aus? Wo sind seine Grenzen? Nun ist evident, dass schon die Frage nach dem HTML-Standard von *einem* Netz, nicht von einer Vielzahl nationaler oder konkurrierender Netze ausgeht. Mussten die Eisenbahnzüge um 1918 noch an der russischen Grenze Halt machen, weil die Spurbreite der Gleise eine andere war (eine Malaise, die bis heute nicht behoben

ist), beruht die Architektur des Netzes darauf, dass man sich weltweit auf
ein- und dasselbe Protokoll (genauer: auf eine Vielzahl miteinander inter-
agierender Protokolle) hat einigen können. Da aber der Raum, in dem
man agiert, die Welt, ja selbst den Weltraum umfasst, wäre die Maxime
abzuleiten, dass sich hier entsprechende Umgangsformen herausbilden
müssen: ein globaler, gegenseitiger Respekt, der die Besonderheiten des
anderen nicht missachtet, aber ebenso wenig dazu nötigt, die eigenen Besonderheiten fahren zu lassen. Auf eine gewisse Weise hat sich auch dies,
in Gestalt der *political correctness*, in unserer Realität eingehaust. Da-
hinter steht die Forderung einer Weltkultur, die die Beschränktheit der
Sprache, der Kultur und der Religion überwindet. Mithin müsste jeder,
der das Netz nutzt, dazu imstande sein, das eigene Weltbild abzustreifen,
wie ein Schauspieler, der sein Kostüm und damit seine Rolle ablegt. In
einer solchen Weltkultur dürften Sexismus, Rassismus oder Nationalismus nicht mehr existieren, sowenig wie ein Insistieren auf einer partiku-
laren, aber absolut gesetzten Wahrheit. Stattdessen müsste ein jeder mit
einem kulturrelativistischen, letztlich selbstironischen Blick auf die Welt
schauen. Dass man hier einem Problem ersten Ranges gegenübersteht,
macht schon ein Blick auf unsere Großstädte deutlich, die parallel zu einer fortschreitenden Multikulturalität immer auch Abgrenzungsbedürf-
nisse wachsen lassen. Wenn in Anbetracht dieser Verwerfungen vor allem
die Konfliktvermeidungsstrategien der *political correctness* den Diskurs
bestimmen, so ist das Pochen auf einer symbolischen Ordnung weniger
Beleg für eine wirkliche Kultiviertheit, als vielmehr dafür, wie groß der
Graben ist, der zwischen Anspruch und Wirklichkeit klafft. Nun kann
dieser Graben nicht bloß symbolisch, er muss auch in der Realität selbst
geschlossen werden. Folgt man der Geschichte in weltbürgerlicher Absicht, müssten zwangsläufig jene Einheiten abgeschafft werden, die dem
widersprechen: Nationalstaaten, Steuerparadiese, Sonderzonen jeglicher
Art. Nimmt man den Preis, der für eine solche Ordnung zu zahlen wäre,
begreift man, dass hier mehr als ein Jahrhundertprojekt, tatsächlich eine

tiefgreifende Verwandlung der Welt gefordert ist. Es mag durchaus sein, dass diese Modernisierungsdrohung – weit mehr als etwaige kulturelle Unterschiede – zu dem beigetragen hat, was man den »Krieg der Kulturen« nennt. Mag die Welt zum Dorf geworden sein, so hat sich mentalitätsmäßig eine Art *Backlash* ereignet, scheint es vielmehr, als ob das Dorf zur Welt geworden sei, sind es Provinzler, die sich anmaßen, in die Geschicke der Welt eingreifen zu wollen.

Weil das Netz nicht nur den physischen Raum, sondern auch unsere moralische Landkarte transzendiert, ist eine bloß technische Betrachtung nicht hinreichend, wäre die Ethik der Virtualität mit dem zu verknüpfen, was hier verschiedentlich »Ganzkörperzeichen« genannt und mit dem Bild der zuckenden Mönche unterlegt worden ist. Demgemäß ist das Internet nicht als abgespaltener Raum, sondern als »Humanprozessor« aufzufassen: als eine Form der beseelten, zumindest menschlichen Kommunikation. Dass dieser Kosmos Formen der menschlichen Interaktion aufweist, die über alles hinausgehen, was die Gesellschaftsmoral gekannt und toleriert hat (Pornografie, die Elaboration der Perversionen), wird ganz neue Fragen aufwerfen. Die an diesen Fragen hängenden Probleme sind so vielfältig, dass sie vielleicht nur mit der abstraktesten Maxime beantwortet werden können: nämlich dass das Netz die Würde des Einzelnen achten muss und ihn nicht auf ungebührliche Weise versachlichen darf.

ENDE DES INDIVIDUUMS

Fasst man die bisherigen Forderungen zusammen, so ist evident, dass sie mit dem Begriff, den wir uns vom Individuum machen, nicht zusammen gehen. Im Grunde läuft all dies auf die Moralität des *Dividuums* hinaus, dessen Fokus nicht mehr auf der Erfüllung individueller Glücksansprüche, sondern vielmehr auf der Partizipation und der Teilhabe liegt. Auch diese Forderung wird, in Anbetracht des drohenden Maschinenfetischismus, eine große politische Bedeutung annehmen, umso mehr, als wir nicht sonderlich geübt darin sind, die Fernwirkungen unseres Handelns zu bedenken. Wenn aber mein Verhalten an einem anderen Ort dieser Welt ein Beben auslösen und die Rechte eines anderen beschneiden kann, so sollte auch hier der Kantische Imperativ gelten.

Eine weitere, nicht unwesentliche Frage, die mit dieser Perspektive verbunden ist, wiederum lautet: Wem gehört das Netz? Wenn das Internet für unsere Gesellschaft das ist, was die Agora für die Polis, die Allmende für die mittelalterliche Gesellschaft und die Öffentlichkeit für die Staaten der Neuzeit war, so dürfte es billigerweise keinen Besitzer mehr geben. So wie wir unsere Straßen und Gehwege frei benutzen können, müssten wir uns auch im Internet frei bewegen können, ohne von Wegezöllen oder Bezahlschranken aufgehalten zu werden. Alles, was von öffentlichem Interesse wäre, müsste frei zugänglich werden.

Zu guter Letzt impliziert eine solche Ethik der Virtualität, dass man den heranwachsenden Mitgliedern der Gesellschaft den Weg in diese Welt ebnet. Wie, das wäre die Frage, bringt man ein menschliches Wesen in den Stand, die für ein solches Gemeinwesen erforderliche Abstraktionshöhe zu erklimmen?

F: Jetzt überraschst du mich aber!

A: Weil ich mich zum Tugendhüter aufspiele?

F: Ja. Das klingt einfach nur schrecklich!

A: Im Grunde will ich auf etwas Einfaches hinaus. Wenn sich unser Begriff davon, was die Welt und was wir selbst in ihr sind, wandelt, wird sich auch unser moralisches Koordinatensystem ändern. Das hat man im Mittelalter sehen können, als sich mit der mechanischen Uhr das Betriebssystem des Kapitalismus eingestellt hat. Plötzlich waren da Begriffe wie Taktgefühl oder Pünktlichkeit auf der Tagesordnung. Wenn man sich diesen historischen Zusammenhang vergegenwärtigt, begreift man, dass man Moral nicht predigen kann, sondern dass sie, bis zu einem gewissen Grade jedenfalls, der Notwendigkeit entspringt.

F: Trotzdem. Mich wundert's, so was von dir zu hören, ausgerechnet. Dieses ewige Haben, Sollen, Müssen!

A: Du meinst das Imperativische, Gouvernantenhafte daran?

F: Ja, als ob ich gezwungen wäre, Habermas zu lesen.

A: Ja, ich versteh's, schon deswegen, weil ich mich selbst immer gegen jede Form des ethischen Diskurses gesträubt habe. Da war immer die Intuition: Wenn jemand von Ethik redet, so deswegen, weil's an dieser Stelle schon zu stinken begonnen hat.

F: Freut mich zu hören. Sind wir uns doch ausnahmsweise mal vollkommen einig.

A: Tatsächlich habe ich mich beim Wiederlesen immer wieder dabei ertappt, das streichen zu wollen. Wenn diese Zeilen es trotzdem überlebt haben, so weil es diesen kleinen Nebeneffekt gibt, den ich bemerkenswert fand. Man schreibt diese Maximen auf, aber weiß zugleich, dass ein solches Weißbuch im Grunde auf die Abschaffung der Welt, so wie sie ist, hinausläuft.

F: Wie meinst du das?

A: Das sind so einfache Sätze, und so einfache, klare Forderungen. Dass man, wenn man ein globales Straßensystem benutzt, auch eine Form des globalen Miteinanders an den Tag legen sollte. Eigentlich eine Trivialität. Aber in der Realität siehst du, dass eine solche Forderung, die jeder abstrakt unterschreiben wird, doch eine Zumutung, ja geradezu so etwas wie eine Bedrohung darstellt.

F: Weil sich niemand daran halten wird?

A: Eher, weil es so schwer fällt, die unmittelbare, vertraute Umgebung hinter sich zu lassen. All die Glaubenssätze, die stillschweigenden Übereinkünfte, die sich uns eingefleischt haben und die wir Kultur nennen.

F: Klar, es ist leichter, sich ein neues Kostüm als ein neues Weltbild überzustreifen.

A: Schauen wir uns an, welche Fragen uns heute beschäftigen, so können wir das auf eine simple Formel reduzieren: Phantomschmerz. Dieser Schmerz, der von einem Glied herrührt, das schon längst nicht mehr da ist. Folglich halten wir uns an die Prothesen, die es ersetzen, ja, benutzen die Prothesen geradezu, uns so etwas wie eine Phantomlust-Empfindung zu verschaffen: die Wiederherstellung einer alten Ordnung im neuen Gewand.

F: Neuer Wein in alten Schläuchen.

A: Was nur mehr belegt, dass das, was sich am hartnäckigsten der Veränderung widersetzt, Glaubensvorstellungen sind, Gedanken, Selbstbilder. Das kann ich bis zu einem gewissen Grade durchaus nachvollziehen. Die Vorstellung, dass die eigene Identität, die Kultur oder die Religion eine Hohlform ist, ist eine Zumutung: der *horror vacui* überhaupt. Trotzdem ist es das, was man aushalten, mehr noch, zum Ferment einer neuen Welt machen muss.

BILDUNG

Es geht die Geschichte, dass die Mönche eines Klosters, die einen Stapel Gutenbergscher Bibel erhielten, sich zuallererst daran setzten, jedes einzelne Exemplar einer strengen Orthografieprüfung zu unterziehen. Mag uns diese absurd anmutende Fehlleistung ein Lächeln abringen, so folgte sie doch, in der Perspektive der Zeitgenossen jedenfalls, einer gewissen Rationalität. Bevor nämlich der Buchdruck die Buchproduktion revolutionierte, hatten die Klöster und Universitäten ein hochausgefeiltes Kopiersystem etabliert. Bei diesem System wurde ein Manuskript in verschiedene Teile zerlegt, die zeitgleich von verschiedenen Kopisten bearbeitet wurden; anschließend wurden die Resultate von entsprechend spezialisierten Lektoren überprüft. Diese Technik wiederum hatte die mittelalterliche Universität zu einer hoch arbeitsteiligen und effizienten Kopiermaschine werden lassen. Dass die Mönche sich mit der Buchlieferung sogleich an die Orthografieprüfung setzten, war somit durchaus plausibel – nur hatten sie dabei ausgeblendet, dass die Gutenbergsche Presse die menschliche Kopiermaschine überhaupt überflüssig gemacht hatte.

Betrachten wir unser heutiges Bildungssystem vor dem Hintergrund der Fragen, die sich mit der digitalen Revolution aufgetan haben, so scheint es, dass wir nicht viel hinzugelernt haben. So wie die Mönche des 15. Jahrhunderts das Neue mit einer absurd anmutenden Geschäftigkeit beantworteten, reagiert auch unser heutiges Bildungssystem. Anstatt den Riss, mit dem uns das digitale Zeichen konfrontiert, ins Auge zu fassen, reproduziert sich eine in dieser Form längst überflüssig gewordene Bildungsmaschinerie selbst. Folglich werden Fertigkeiten gelehrt, die niemand mehr braucht, auf eine Weise, die nur mehr ermüdet und zu einem Zweck, an den sich niemand erinnern kann. Insofern ist es nicht unwahrscheinlich, dass eine spätere Zeit unsere Bildungslandschaft als eine Form des höheren Blödsinns auffassen oder als Barbarei eines leerlaufenden industriellen Regiments denunzieren wird.

GAMIFIZIERUNG

Nehmen wir, damit diese Kritik nicht fleischlos bleibt, die klassische Universitätsvorlesung als Beispiel. Es ist keine Seltenheit, dass ein Professor über die Jahre ein- und dieselbe Vorlesung hält. Würde man sich anschicken, das Curriculum in audiovisueller Form aufzuzeichnen (so wie es die im Entstehen begriffenen virtuellen Universitäten jetzt schon tun), so könnte man diese Form der universitären Beschallung einfach ad acta legen. In einer komplett digitalisierten Bildungslandschaft hätte der Student, der nicht mehr auf seinen Wohnort begrenzt ist, sondern sich die Vorlesungen unterschiedlichster Universitäten anhören kann, die Wahl, sich seinen Lehrer auszusuchen; bei einer entsprechenden didaktischen Bestückung der Vorlesung (interaktive Modelle, Graphen, weiterführende oder vertiefende Lehrmaterialien usw.) hätte er zudem weitere Hilfsmittel zur Hand, die ihm die komplizierteren, schwer fasslichen Inhalte plausibler machen können.

Nicht allein, dass diese Objektivierung die Qualität der individuellen Vorlesung verbessern würde (wer möchte schon, wenn er in Bild und Ton festgehalten wird, sich auf unvorteilhafte Weise verewigen?), es käme über den Vergleich der Professoren und ihrer didaktischen Fähigkeiten zu einer Hebung der Lehre überhaupt. Vor allem aber würde man, zwangsläufig geradezu, bestimmte pädagogische Wege diskutieren. Da sich über statistische Verfahren wiederum festhalten lässt, wie gut oder schlecht die entsprechende Vorlesung ihr selbstgestecktes Ziel erreicht, ließe sich die Qualität der Lehre evaluieren. Der Lehrende selbst bekäme eine Rückmeldung und wäre imstande, seine pädagogischen Fertigkeiten weiter zu verbessern.

Der Zwang zur Virtualisierung (dazu, das Curriculum in digitaler Form bereitzustellen) brächte einen Akt der Selbstreflexion mit sich, denn er würde die gesamte Institution nötigen, sich über die Art und Weise der Wissensvermittlung, die selbst gesetzten Maßstäbe des Gelingens und des Scheiterns zu verständigen. Statt der immer gleichen, mit wachsender Lustlosigkeit vorgetragenen Vorlesung stünde die entscheidende Frage im Raum: *Wie kann ein Gedanke so vermittelt werden, dass ein anderer ihn aufnehmen und für sich fruchtbar machen kann?*

Im Grunde wiederholt sich hier jener Prozess, den wir zuvor unter der Überschrift »Lob der Zerstörung« beschrieben haben. Die Dekonstruktion des Geschehens führt dazu, dass man die einzelnen Elemente sehr viel präziser in Augenschein nimmt. Im Falle der Vorlesung würde man die Performance des Vortragenden zergliedern: seine Körpersprache, seine Rhetorik und seine Dramaturgie; man würde fragen, wie sich der Einsatz all dieser Mittel zum Gegenstand seiner Rede verhält. Da man den Vortrag des Einzelnen durch bestimmte Materialien anreichern kann, steht auch die Gleichzeitigkeit all dieser Elemente zur Diskussion: Wie verhalten sich Rede und Zusatzmaterialen zueinander? Vordergrund/ Hintergrund? Wie beziehen sich Bild, Text und Interaktion aufeinander? Dies wären keine abstrakten Erwägungen, sondern sie könnten mit den festgehaltenen Nutzer-Reaktionen abgeglichen und überprüft werden. Mit anderen Worten: Die Simulation einer Vorlesung würde zwangsläufig auch die Frage nach der Dramaturgie stellen, sie würde alle Beteiligten in die Position bringen, die derzeit nur Film- oder Theaterregisseure (oder die Kommunikations-Architekten von Computerspielen) innehaben.

Vergleicht man diese flüchtige Skizze mit den Maßnahmen, die in den letzten Jahren getroffen worden sind, wird ersichtlich, wie tief die Diskrepanz zur heutigen Praxis ist. Anstatt sich der Zukunft zuzuwenden, hat sich der Betrieb gleichsam an die orthografische Prüfung der Zukunft gemacht, dabei aber Sorge getragen, dass vor allem die Techniken der Vergangenheit zum Einsatz kommen. Die Zerlegung des Denkens in fassliche Module, die modische Anpassung an die Trends von gestern, die Anbiederung an die Wirtschaft, die zu einer weiteren Aushöhlung, über den Einsatz von Drittmitteln gar zu einer Fremdbestimmung von Forschungsfragen geführt hat – all dies sind Maßnahmen, die (auch wenn sie sich als Reformen gerieren) letztlich Rückschritte darstellen. Nun mag man sich in aller Öffentlichkeit dafür loben, dennoch sticht die selbsterklärte Exzellenz nur in ihrer Gestrigkeit hervor. Schlimmer noch: Bei all diesen Pseudo-Aktivitäten gerät aus dem Blick, dass die Aufgabe der Universität nicht in einer kurzfristigen Scheinblüte, sondern in der Beschäftigung mit ebenso grundlegenden wie zukunftsweisenden Fragen liegt.

Aber schon der kurze Ausblick auf eine digitale Universität zeigt, wie tief der Einschnitt ist, den eine konsequente Virtualisierung der Lehre mit sich brächte. Denn begreift man die Universität als lebendiges Archiv, stellt sich die Frage, ob die Wiederholung des Immergleichen tatsächlich einen Mehrwert darstellt – oder ob es in Anbetracht der gegebenen Speichermedien nicht sehr viel sinnvoller wäre, die Vorlesung als Zeitspeicher aufzufassen: als elektromagnetisches Buch. Der Vorteil, der hier zunächst ins Auge springt, ist selbstverständlich die Zeitersparnis, Zeit, die an anderer Stelle eingesetzt werden könnte: für die Forschung, aber auch für die individuelle Betreuung der Studenten. Wenn es die Regel ist, dass Bachelor-Studenten an einer Massenuniversität bis zum Ende ihres Studiums kein persönliches Gespräch mit einem Professor führen, so ist dies ein Armutszeugnis – und ein Beleg dafür, dass die beschworene Exzellenz nur Etikettenschwindel sein kann. Mit der Verpflichtung hingegen, die Vorlesung zu fixieren, wäre man genötigt, sich mit der Qualität der Lehre zu beschäftigen. Allein die Frage des *Wie* ist erheblich – und ob sie das selbstgesteckte Ziel erreicht. Damit aber stünde endlich derjenige im Fokus, um dessentwillen all dies veranstaltet wird: der Student, der auf bestmögliche Weise in das Denken eingeführt werden soll.

DAS LEBENDE ARCHIV

Ein solches Archiv ist nicht nur zur Wiedergabe fähig, sondern kann auch die Aktivitäten des Studenten speichern. Mit dieser Speicherung hat man ein Evaluierungswerkzeug zur Hand, mit dem sich der eigene Erfolg überprüfen lässt. Naturgemäß läge das Interesse bei der Auswertung der Daten vor allem dort, wo man Problemzonen orten könnte, Missverständnisse, Begriffsstutzigkeiten. Mehr noch als die gelingenden Partien würden die Problemzonen goutiert, würde man gerade hier zu besseren, intelligenteren Lösungen kommen wollen. Anstatt den Fehler zu brandmarken, würde man das Scheitern geradezu als Glücksfall begrüßen, erlaubt es doch die Einsicht in die Grenzen des menschlichen Fassungsvermögens. Auf der Basis der gewonnenen Einsichten kann man das Erreichte weiter verbessern. So würde die nächste Studentengeneration (anstatt die Fehler der vorigen nur zu wiederholen) von den Fehlern ihrer Vorgänger profitieren. Selbstverständlich würden die Evaluierungswerkzeuge nicht nur zur Lokalisierung von Problemen führen, sie könnten den Studenten auch selbst zur Verfügung gestellt werden. Wie bei einem Computerspiel, wo man sich Level um Level empor spielt, könnte der Student die Grenzen seines Fassungsvermögens explorieren. Ein Test wäre nicht mehr ein Akt, den man schwitzend und unter Prüfungsangst in einem großen Hörsaal absolviert, sondern nichts weiter als ein Level, an dem man viele Male scheitern, das man aber, mit dem entsprechenden Ehrgeiz, letztlich doch meistern kann.

Man mag in dieser vollständigen Virtualisierung der Wissensvermittlung ein Schreckbild sehen – die Verwandlung der Universität zum Computerspiel, zu einer Fernuniversität, der letztlich nur Autisten entspringen können. Eine solche Betrachtungsweise verkennt allerdings, dass die Ersetzung des Immergleichen Raum lässt für das Besondere: den einzelnen Studenten, den Gedanken, der noch nicht gedacht worden ist. Aber selbst wenn man die alte Welt mit ihren Lehrplänen und Vorgaben als Bezugsrahmen wählt, wäre ein solches System dem bisherigen Zustand weit überlegen. Denn durch die konsequente Virtualisierung (das heißt: die Speicherung des Lernpfades und des jeweiligen Wissenstandes) hätte man Evaluisierungswerkzeuge zur Hand, die nicht nur zur Bewertung, sondern vor allem zur Förderung eingesetzt werden können: So ließen sich Menschen zusammenbringen, die einen gemeinsamen Wissensstand teilen, wäre mithin die Voraussetzung hergestellt, dass der Einzelne vom gemeinsamen Gespräch profitieren kann. Eine solche Gruppe könnte in einer Form des *Brainstorming* neue Ideen entwickeln. Nicht das Erprobte, sondern das Neue und Unsichere wäre Gegenstand ihres Gesprächs – und die Frage, wie man es bestmöglich erforschen kann. Fällt die Wiederholung des Immergleichen der Maschine anheim, öffnen sich andererseits Freiräume, die der Begegnung, der Diskussion und damit der Erforschung des Neuen dienen. Urplötzlich wären all die Dinge da, deren Fehlen man in der heutigen Bildungslandschaft doch unablässig beklagt: der lebendige Austausch, die Diskussion, die Zeit, sich Forschungsfragen zu widmen. Anstatt auswendig zu lernen, würde man inwendig lernen – nämlich so, wie der Geist es vermag, sich einem komplexen Gegenstand zu nähern.

Wenn wir unser heutiges Bildungssystem mit dieser Skizze vergleichen, sehen wir, dass der Student noch immer als Massenprodukt betrachtet wird, das auf möglichst standardisierte Art und Weise bearbeitet werden soll. Dass die Standards veraltet sind, ist schlimm genug; fataler ist das Menschenbild, das sich in all diesen Modularisierungsmaßnahmen ausdrückt. Anstatt die innere Orientierung des Einzelnen, seinen Wagemut und das Vertrauen in die eigenen Fähigkeiten zu stärken, produziert man

Papier: einen Schein von Bildung, der im Jenseits der Scheinproduktion, also im wirklichen Leben, nicht die mindeste Bedeutung besitzt.

Der Prozess der Virtualisierung verändert nicht nur die Art und Weise, wie man sich dem Akt der Wissensvermittlung nähert, er verändert den Status des Wissens selbst. Denn wenn der Vermittlungsprozess nicht vergessen, sondern aufbewahrt wird, ist man genötigt, sich die Historizität des eigenen Tuns vor Augen zu führen. Von nun an ist jeder Gedanke dazu da, aufgehoben zu werden. Aufgehoben im Sinne des Wortes: gespeichert und aufbewahrt, aber auch – dispensiert, durch einen höherwertigen Gedanken ersetzt. Der Logik des Upgrades, der beständigen Aufhebung folgend, wird die Fragestellung neu sortiert. Man fragt nicht mehr danach, ob etwas richtig oder falsch ist, sondern ob es zu einem bestimmten Zeitpunkt sein Ziel erreicht hat, vor allem, welche Vorbedingungen und Folgewirkungen etwas gehabt hat. Novalis hat vielleicht als erster ein solches sich gleichsam selbst aufhebendes Denken charakterisiert: *Sobald philosophiert wird, gibt es auch Philosopheme, und die reine Naturgeschichte (Lehre) der Philosopheme ist die Philosophie.*

Wenn ein Denken seine Aufhebung antizipiert, ist es mit seiner eigenen Vorläufigkeit konfrontiert. Der einzelne Gedanke erscheint nicht mehr als letzte Wahrheit, sondern als eine Art Passage oder Durchgang. Damit aber rückt das Denken von dem starrsinnigen Beharren auf Positionen ab. Es wird zu einer Art Meta-Wissenschaft, welche die eigene Bewegung verfolgt. In dieser Betrachtungsweise geht es nicht mehr darum, die Momentaufnahme zu verabsolutieren, sondern vor allem darum: die Bewegungen des Geistes zu verfolgen. In einem solchen Kontext wäre ein Begriff wie der »Stand der Wissenschaft« letztlich eine Form der Disqualifizierung, geht es um ein eigentlich bewegliches Feld, genauer: um die Frage, wie derlei Wissensfelder überhaupt entstehen, welchen Entwicklungsgesetzen sie unterliegen und wo ihre blinden Flecke sind.

Nun weiß man, dass eine universitäre »Disziplin« gerade dort entsteht, wo man sich mit Gründungsfragen nicht beschäftigen möchte. Die Fachgrenze ist ein Wehrbau, der es erlaubt, auf mechanische Weise und gefeit vor Selbstzweifeln, »Wissenschaft« zu betreiben. Eingesponnen in einen solchen Kokon mag man mit der Null rechnen, ohne über ihre Herkunft nachdenken zu müssen, lassen sich wunderbare ökonomische Modelle erfinden, die vor allem sich selbst genügen. Diese Form des akademischen Autismus ist in einer sich vernetzenden und gleichermaßen dynamisierenden Welt so überflüssig, wie es das Kopiersystem der mittelalterlichen Mönche zu den Zeiten des Buchdrucks war. Folglich geht jeder Versuch, eine Reform auf den Weg zu bringen oder eine Arbeitsgruppe mit der Erarbeitung eines Reformplans zu beauftragen, an der entscheidenden Frage vorbei: Wie kann ein Denken, das nach der eigenen Aufhebung strebt, Wissenschaft sein? Die Antwort liegt in einer Paraphrase des Hobbesschen Gedanken: Wenn wir die Naturphilosophie mit der Privation, das heißt: mit der Idee einer allgemeinen Weltvernichtung beginnen sollten, so sollte dies unser Denken mit einschließen: sollten wir lernen, unser Denken auseinanderzunehmen, denken, als dächten wir nicht.

F: Was würdest du tun, wenn du darüber zu befinden hättest?

A: Wenn wir vom Bildungssystem sprechen – ich würde es einfach platt machen. Eine Stunde Null hätte den Vorteil, dass man sich neu über die Ziele verständigen müsste. Wozu lernen wir? Vor allem: Worauf kommt es dabei an? Wenn wir von Bildung sprechen, so ist doch zuallererst die Formung des Selbstbildes gemeint. Aber wenn eine positive Zukunftsvision fehlt, lässt sich auch keinerlei Bildung betreiben. Selbst das Eingeständnis, dass eine solche Vision fehlt, wäre besser als dieser *Fake* von Bildung, der am Ende doch nur eine Form der Scheinproduktion darstellt. Ein System, dessen einziger Sinn im Selbsterhalt liegt, ist nur noch gespenstisch.

F: Und so was erzählst du deinen Studenten?

A: Aber ja. Und verwundere mich zugleich darüber, was sie für einen Schein so alles über sich ergehen zu lassen bereit sind.

F: Je länger ich dir zuhöre, desto mehr habe ich das Gefühl, dass du eine Art Kriegszustand ausrufst. Wenn ich deinem Rundumschlag folge, ist da schon lange nichts mehr – nur eine Trümmerlandschaft.

A: In gewisser Hinsicht kommt mir vieles, was ich um mich herum wahrnehme, wie eine Trümmerlandschaft vor, nur dass die Verwüstung, wie im Bildnis des Dorian Gray, inwendig stattgefunden hat. Man sieht einfach nicht, wie kaputt es ist. So besehen wäre eine faktische Verwüstung wirklich heilsam. Man hätte nicht mehr die schönen Fassaden vor Augen, sondern würde begreifen, wie es tatsächlich um uns bestellt ist.

F: Du willst also auf das Potjomkinsche Dorf hinaus. Vielleicht hast du recht, trotzdem kommt mir vieles doch ein bisschen übertrieben, fast schon wie Panikmache vor.

A: Nein, ich hege keinerlei Katastrophenbegeisterung, sowenig wie ich Apokalyptiker bin. Es ist nur der Versuch, uns vor dem zu beschützen, was uns droht, wenn wir zu spät aufwachen.

F: Aber genau das ist doch die Rhetorik der Apokalypse: Erwachet!

A: Aber wenn du das kritisiert, müsstest du dich fragen, was die selbsternannten Retter unseres Weltwährungssystems von sich gegeben haben, als sich die Krise aufgebaut hat. Nämlich: Nichts! Aber ist das nicht sehr viel furchterregender? Ein Orkan, der sich im Windschatten der Geschichte zusammenbraut, der buchstäblich aus dem Nichts hervorbricht?

F: Mag sein. Aber Schaden macht klug. Jetzt sind sie gewitzter.

A: Vorausgesetzt, dass die Krisenbewältigung nicht die Krankheit ist, für deren Therapie sie sich hält. Ich gebe dir ein Beispiel, was passiert, wenn man nur an den Symptomen herumdoktert. Ende des 18. Jahrhunderts, als sich die ersten Folgen der Industrialisierung bemerkbar gemacht haben, kam es in England zum sogenannten *Speenhamland Act*. Da wurden die Gemeinden dazu verpflichtet, die Armen, die sich in den Ortschaften aufhielten, zu verköstigen und unterzubringen – eine Maßnahme, die man mit unserem Hartz IV vergleichen kann. Und natürlich hat das die entsprechenden Folgen gehabt: Es entstand diese Klasse, die Marx später das »Lumpenproletariat« genannt hat. Während man den Gemeinden die Folgen der Industrialisierung aufbürdete, bis sie darüber zu ächzen begannen, wurden die Maschinen immer effizienter. Weil die Kluft immer größer wurde, konnte es in den dreißiger, vierziger Jahren des 19. Jahrhunderts zu einem massiven Umschwung kommen, zu jener Form des Manchester-Kapitalismus, die als Regime der Ausbeutung in die Annalen geraten ist: mit Kinderarbeit usw. Nachdem man ein Vierteljahrhundert die Wirklichkeit verleugnet hatte, brachen die Dämme, kam es fast über Nacht zu einer massiven Gegenbewegung. Die Frage wäre: Was wird passieren, wenn sich die Weltfinanzkrise noch einmal wiederholt?

F: Naja, man wird Geld drucken, wie gehabt.

A: Ich glaube vielmehr, dass wir dann den Kriegszustand am Hals haben, vor dem wir jetzt erfolgreich die Augen verschließen. Die Staaten, die sich schon einmal am *Bailout* verhoben haben, werden es nicht ein zweites Mal tun. Und wenn plötzlich das Geld knapp wird, wird man zu den Rationalisierungsmaßnahmen schreiten, die man schon im Gefolge der großen Depression hat beobachten können, als das Fließband die Industriearbeiterschar freigesetzt hat.

F: Du meinst die Rationalisierung im Dienstleistungssektor, von der du gesprochen hast …

A: Man muss sich einfach vorstellen, was passiert, wenn unsere Gesellschaft dazu gezwungen wird, jede einzelne Institution auf den Prüfstand zu stellen, wenn man also die Frage stellt, ob es sich rechnet.

F: Du meinst, wir rechnen uns nicht?

A: So wenig wie sich die menschlichen Computer in Bletchley Park gerechnet haben. Und genau deswegen werden große Teile unserer Wirtschaft von Programmen übernommen werden, in einem Maße, das wir uns heute noch gar nicht vorstellen können. Die Frage ist bloß: Wer oder was zwingt uns dazu, uns selbst zu Rechenmaschinen zu degradieren? Diese Frage, die doch die eigentlich entscheidende ist, wird in der Krisensituation selbst nicht gestellt werden – da wird man der Not der Verhältnisse gehorchen.

F: Du möchtest also, dass wir diese Frage jetzt stellen. Aber zugleich wirst du sagen, dass wir nicht fähig sind, unsere Zwangsvorstellungen abzustreifen.

A: Jedenfalls nicht, solange wir sie nicht als Zwangsvorstellungen decouviert haben. Deswegen liebe ich dieses Hobbessche Zitat zur Naturphilosophie – dass wir die Philosophie der Natur am besten mit der Weltvernichtung beginnen.

F: Du meinst, dass man da einen klaren, sauberen Schnitt macht.

A: Es mag paradox klingen. Aber man muss in Gedanken jenen Krieg führen, von dem ich geredet habe – aber mit dem Ziel, dass er in Wirklichkeit nicht stattfindet. Denn das wäre furchtbar.

AM ENDE DES BUCHES

Ich liege auf dem Bett, warte auf das Taxi, das mich zum Flughafen bringen soll und zappe mich durch die amerikanischen Fernsehsender. Wie
überall auf der Welt gibt es Reality-Shows zu sehen, werden Übergewich-
tige zu Leibesübungen angehalten, fragwürdige Sänger von übellaunigen
Juroren zurechtgestutzt, plappern aufgespritzte Gesellschaftsdamen davon, wie es sich anfühlt, den Avancen eines Strippers ausgesetzt zu sein.
Und plötzlich das Bild dieses Mannes, eines ehemaligen Militärs (man
sieht es sofort – oder genauer: just in dem Augenblick, da man es gesagt
bekommt). Er erklärt, dass es für ihn allein darauf ankomme, seine Familie auf die letzten Tage vorzubereiten. Als Titelunterschrift ist nicht sein
Name, sondern die Bezeichnung PATRIARCH zu lesen. Der Patriarch
hat, wie man an seinem Vorratslager sieht, vorgesorgt, jetzt ist sein Haupt-
anliegen, seiner Nachkommenschaft die Bedeutung von Wasser, einer ge-
nauen Kenntnis des Terrains, aber auch gewisser taktischer Manöver na-
hezubringen. Und tatsächlich sieht man wenig später, wie die Familie sich
in ihrem selbsterrichteten mittelalterlichen Castle mit einem Übungs-
manöver auf den Ansturm jener marodierenden Banden vorbereitet, die
am Ende der Welt, in einem letzten Gefecht um die verbliebenen Ressourcen streiten. Wie sagte der Trendforscher, der schon die Survival-Übun-
gen vorausgesagt hat? Krieg liegt im Trend.

ÜBERFLUSS

In einer Welt, in der die menschliche Arbeit überflüssig ist, kann die Würde des Menschen nur daher rühren, dass er das Überflüssige noch weiter kultiviert. Wenn eine solche Aussage provoziert, so deswegen, weil wir uns noch immer, wie die ökonomischen Seminare lehren, auf dem »Stern des Mangels« wähnen. Folglich erscheint uns das Überflüssige als Perversion, die es auszumerzen gilt. Die Verteufelung des Überflüssigen freilich führt dazu, dass man seine gesellschaftliche Funktion verkennt. Denn der Luxus, wie schon Georg Simmel in seiner »Philosophie des Geldes« gelehrt hat, ist keine Perversion, sondern nur die äußerste Artikulation unserer Ratio, der Punkt, wo unsere Werte wieder auf den Genuss, und damit auf den Körper des Einzelnen zurückgeführt werden. Weswegen sonst die leicht verderblichen Geschenke, all die Blumen, Schokolade und Spirituosen, deren einziger Sinn nicht in der Speicherung liegt, sondern im Verzehr?

So besehen stellt der Luxus so etwas wie eine Versöhnungsgeste dar. Der Verzehr eines Luxusguts entschädigt uns dafür, dass wir uns von unseren unmittelbaren Bedürfnissen entfernt haben. Hält man sich den Weg vor Augen, den die Gesellschaft auf dem Weg in die Gegenwart zurückgelegt hat, so sieht man, dass der Abstand immer größer wird: Domestikation der Tiere, Ackerbau, Metallurgie, das Alphabet, der Zins, die Welt der Fabriken und der Maschinen, die künstlichen Paradiese, die unsere Computerwelten verheißen. Nicht nur, dass jeder dieser Schritte uns den einfachen Fragen entfremdet, darüber hinaus entlässt er Gedankenfiguren in die Welt, die ihre eigene Logik entfesseln. Plötzlich muss man sich mit den Geboten der Pünktlichkeit und des Taktes herumschlagen, gilt es, Steuererklärungen oder sonstige Formulare auszufüllen, wird man zu Tätigkeiten angehalten, die bloß repräsentativer Natur, in sich aber vollkommen sinnlos sind.

Begreifen wir diese Entwicklung nur als Entfremdung, vergessen wir, dass jeder dieser Schritte auch eine Form des Schutzes und der Entlastung bedeutet, dass damit Annehmlichkeiten einhergehen, auf die wir keinesfalls zu verzichten bereit sind. Insofern wohnt der Rede von der Kälte der Technik etwas zutiefst Unaufrichtiges inne – sind die Paradiese der Unmittelbarkeit, die man beim edlen Wilden, in der Südsee oder in den historischen Romanen verortet, vor allem als Fluchtbewegungen des modernen Menschen aufzufassen, der sich beim Weg in die Abstraktion zu verlieren droht. Und es ist unbestreitbar: Unsere Gedankenketten sind immer länger, beschwerlicher und komplizierter geworden. Wie will man einem Kind die Notwendigkeit der statistischen Risikoabschätzung erklären? Wie, dass die Dinge, die wir fabrizieren, nichts weiter sind als kollektive Fantasiegebilde? Wie schließlich kann man die Individuation predigen, wenn das Ziel dieses Prozesses doch in der eigenen Aufhebung besteht?

Nun bedeutet der Überfluss, mit dem uns die digitale Gesellschaft konfrontiert, nicht bloß ein Mehr an materiellen Gütern – er konfrontiert uns vielmehr mit der irritierenden Tatsache, dass wir, der Logik der hier dargelegten Gedankenketten folgend, selbst überflüssig geworden sind. Es ist nicht verwunderlich, dass die Einsicht in die eigene Ersetzbarkeit eine Art Schockstarre bewirkt. Verliert nicht derjenige, der seine Arbeit verliert, auch seine gesellschaftliche Wertschätzung? Geht das Gefühl der eigenen Überflüssigkeit nicht mit einem Verlust der Würde einher? Dieser Verdacht begleitet, wie ein untergründiges Leitmotiv, die gesamte Moderne – sei es, dass er sich als vages Unbehagen in der Kultur, sei es, dass er sich in Massenprotesten der freigesetzten Arbeiter artikuliert. Bot die Solidarität der Arbeiterschaft noch eine Art Schutz, so hat die fortschreitende Spezialisierung die gesamte Arbeitswelt in ein Prekariat verwandelt. Plötzlich ist jeder, vom Studenten bis hin zum Orchideenwissenschaftler, mit der Tatsache der eigenen Überflüssigkeit konfrontiert.

Dieser Überfluss aber wird nicht begrüßt, sondern skandalisiert. Folglich wird der Nichtstuer von denjenigen bekämpft, die sich um ihr eigenes Fortkommen Sorgen machen. Anstatt dem Unvermeidlichen ins Gesicht zu schauen und alles dafür zu tun, das Luxusgeschöpf Mensch von der

Mühe sinnloser Arbeit zu entlasten, ergeht man sich in Beschäftigungstherapien oder deutet die gezielte Vernichtung (via Abwrackprämie) in eine Form der Produktivität um. Lord Keynes, der schon sehr früh ein Sensorium für diese Problematik an den Tag gelegt hat, hat in diesem Zusammenhang bemerkt, die beste Arbeitsbeschaffungsmaßnahme bestünde wohl darin, Menschen Geld vergraben zu lassen, um es von anderen wieder ausgraben zu lassen. Nun könnte man sich an der Sinnlosigkeit dieses Tuns delektieren – hätte die verweigerte Einsicht in die Natur des Luxusgeschöpfs nicht solch gravierende Konsequenzen.

Tatsächlich verkennen wir, indem wir an überkommenen Ideologien festhalten, ja, ärger noch, diese gegen den Menschen ins Feld führen, unsere Humanität selbst. Diese Begriffsstutzigkeit führt nicht bloß zum gesellschaftlichen Zerfall und zu einer fortschreitenden Auskühlung sozialer Bindungen, sie behindert auch die Entwicklung unserer Rationalität selbst. Nehmen wir als Beispiel die Genetik und die Künstliche Intelligenz – Disziplinen, denen wir doch eine Vorreiterrolle zusprechen und die beide, von höchst unterschiedlichen Positionen, die Frage nach dem Menschen stellen. Oder genauer: die dieser Frage ausgewichen sind. Anstatt sich auf die Komplexität des Menschen-Wesens einzulassen, stutzte man ihn auf ein handhabbares Dummy zurecht. Zum bloßen Ausdruck seines Genoms reduziert, lag schon die Möglichkeit, dass Umweltfaktoren, aber auch psychische oder mentale Veränderungen Auswirkungen auf das Genom eines Menschen haben können, außerhalb des genetischen Forschungshorizonts. So war der Triumph der Genetik zugleich ein Moment der äußersten Beschämung, mag sich keiner Protagonisten gerne daran erinnern lassen, dass er die Mär von der »Entschlüsselung des Menschen« in die Welt gesetzt hat. Ähnliches gilt für die Künstliche Intelligenz, die den Menschen zu einer informationsverarbeitenden Maschine reduziert und den eigenen, so unbefriedigenden wie maßlos aufgebauschten Ergebnissen eine höhere Intelligenz eingeräumt hat, als dies angebracht gewesen wäre. Nimmt man die Gründe für dieses doppelte

Versagen in den Blick, sieht man, dass die Irrtümer nicht in der Sache
selbst liegen, sondern in einem falsch verstandenen Menschenbild, darin,
dass man das Luxusgeschöpf Mensch in seiner Vielschichtigkeit nicht zur
Kenntnis hat nehmen wollen.

Genau diese Beispiele aber deuten auf ein tiefes Dilemma, ja, auf eine
gesellschaftliche Kampfzone hin. Anstatt den ganzen Menschen in den
Blick zu nehmen, wird eine unterkomplexe Rationalität gegen ihn in Stellung gebracht. Dies aber führt, wenn man in Marxschen Termini denkt,
zum Kampf des toten Kapitals gegen das »lebendige, bedürftige Kapital«
(wie Marx den Arbeiter charakterisiert hat). Ob die Beteiligten sich darüber bewusst sind oder nicht, dieser Kampf trägt eine antihumanistische
Prägung – er läuft, insofern er die Würde der Menschen angreift, letztlich
auf eine Form der Selbstzerstörung hinaus.

Konnte die Aufklärung unerschrocken behaupten, dass die Würde des
Menschen unantastbar sei, müssen wir konstatieren, dass die Moderne
uns vom Gegenteil überzeugt hat. Dabei muss man nicht einmal den ge-
schäftsmäßig betriebenen Genozid herbeiziehen, sondern braucht sich
bloß auf dem Arbeitsmarkt umzusehen, wo die Eignungsprüfung eines
Menschen nicht selten darin besteht, in welchem Maße er dazu bereit ist,
sich entwürdigen zu lassen: *Wird er tanzen? Sich zum Affen machen lassen? Okay. Nehmen wir ihn.*

In Anbetracht einer immer rascher sich verwandelnden Arbeitswelt ist
das Land des Überflusses, das hier aufgemalt wird, kein fest umgrenztes
Terrain, sondern eher eine bewegliche Grenze, die dort liegt, wo die Maschine noch nicht hinreichen kann. Geht die Digitalisierung stets mit einer Entwertung einher, so ist klar, dass wir nur im Jenseits der Maschine so
etwas wie eine menschliche Würde bewahren können. Dieser Zusammenhang (in dem der Doppelcharakter der Technik, das Gewalttätige ebenso
wie das Verheißungsvolle aufscheint) wird häufig übersehen. Das lateinische Wort *valor*, von dem sich unsere Würde ableitet, meint ursprünglich
Wert und Würde gleichermaßen. Etymologisch ist also die gesellschaft-

liche Wertschätzung zutiefst mit der Ökonomie verwoben. Im Umkehr-
schluss lässt sich sagen, dass eine Störung der Ökonomie fast zwangsläufig
auf eine Entwürdigung großer Bevölkerungsteile herausläuft.

Die Entwürdigung, mit der uns die digitale Revolution konfrontiert, ist
allumfassend. Das ökonomische Downsizing geht mit einem moralischen
Limbotanz einher. Genau deswegen stellt sich die Frage, wie man unter
diesen Bedingungen zu einer humaneren Gesellschaft wird finden können. Mag sein, dass die Betriebswirte in der Predigt des Überflusses einen
Stein des Anstoßes entdecken werden, dass man der Meinung sein wird,
dass hier die Ökonomie auf den Kopf gestellt werde. Das ist wahr – und
trotzdem keine Widerlegung. Denn der Mehrwert, auf den wir in Zukunft
rechnen, wird in den Köpfen der Menschen entstehen, die fähig sind, im
Jenseits der Maschine denken zu können.

Hier aber stellt sich die Frage: Was ist überflüssig? Die Antwort ist simpel: Der Überfluss beginnt genau dort, wo das Tun oder Denken des Menschen über die Möglichkeit der Maschine hinausgeht. Macht man sich klar,
dass vieles von dem, was wir bislang als genuin menschliche Tätigkeit begriffen haben, von Maschinen übernommen werden kann, so wird sichtbar, dass wir es im Grunde mit einer Neubestimmung unseres Menschen-
bildes zu tun haben. Nun ist die Überflüssigkeit, das Luxurierende des
Menschen nicht einfach mit dem Nichtstun in eins zu setzen. Wenn dieses
Missverständnis gleichwohl weit verbreitet ist, so deswegen, weil Luxus
mit sinnloser Verschwendung in eins gesetzt wird. Nimmt man die Perspektive eines Primitiven ein, wäre unsere ganze Lebensführung als überflüssig zu brandmarken – eine Vorstellung, die uns nicht ganz zu Unrecht
als abwegig erscheint. Folgen wir der Simmelschen Gedankenführung, so
beschreibt der Luxus eben jenen Augenblick, da die kapitalistische Wert-
schöpfungskette wieder zum Menschen zurückfindet. Indem man das
scheinbar überflüssige Gut verzehrt, entdeckt man, dass die Abstraktion
nicht für sich selbst da ist, sondern dem Menschen dienen soll. Folglich erscheint Luxus nicht an einer beliebigen Stelle, sondern als Speerspitze der

jeweiligen technischen Entwicklung. Was heute Luxus scheint, wird morgen eine Notwendigkeit sein. Von daher wohnt der Produktion der Luxusgüter ein tiefer Sinn inne, erinnert sie uns daran, dass der Weg, der uns in den Überfluss entlässt, immer wieder rekapituliert werden muss (eine Logik, die schon mit dem Blick in den Spielzeugpark eines Kinderzimmers sinnfällig wird). Folglich muss sich das Luxusgeschöpf Mensch seiner Überflüssigkeit bewusst werden. Nur diese Einsicht bringt uns dazu, die zeitgemäße Rationalität nicht als Weisheit letzter Schluss misszuverstehen, sondern auch das darüber Hinausgreifende ins Auge zu fassen. Wem aber werden wir in diesem Jenseits begegnen? Mag sein, dass sich hier (wie in den Bildern der Renaissance) ein Fluchtpunkt öffnet, nur führt er nicht in ein Eldorado oder in eine sonstwie beschaffene Traumlandschaft hinein, sondern konfrontiert uns mit der Tatsache, dass wir diejenigen sind, die all dies herbeifantasiert haben. Im Jenseits der Rationalität begegnen wir keiner mathematischen Formel oder einer wie auch immer beschaffenen Künstlichen Intelligenz, sondern jenem rätselhaften Wesen, das wir doch selbst sind. Wie der Dichter Novalis dies in vollendeter Kürze beschrieben hat: *Nach innen geht der geheimnisvolle Weg.*

SCHLARAFFENLAND

F: Malst du hier nicht ein Schlaraffenland auf?

A: Ich glaube nicht. Oder wenn, so wäre schon mein Leben ein solches Utopia gewesen. Ich erinnere mich, dass ich als Kind, als mir meine Mutter wieder einmal vorgerechnet hat, wie teuer wir Kinder doch sind, entgegnet habe: Wenn ich schon so teuer bin, dann möchte ich auch so behandelt werden.

F: Witzig!

A: Wir müssen uns einfach klar machen, dass wir Luxusgeschöpfe sind. Das bedeutet keineswegs, dass wir uns auf die faule Haut legen sollen. Eher ist es als Appell zu verstehen, unserer Neugierde und unseren Leidenschaften zu folgen.

F: Also doch – Arbeit!

A: Ja, wenn man die Arbeit an der Sozialen Plastik, die man doch selbst ist, als Arbeit begreift. Andere würden es vielleicht Kunst nennen, oder Kommunikation, was immer. Worauf es ankommt, ist, dass es bei dieser Arbeit nicht um die Selbstverwirklichung, sondern um die Selbstaufhebung geht – dass man in dem, was man tut, nicht sich selbst, sondern die Verständigung mit den anderen sucht.

F: Entschuldigung, aber das ist doch ein Widerspruch! Folge ich meinen Leidenschaften und meiner Neugierde, so ist das radikal subjektiv.

A: Aber du wirst keinen Autor finden, der ein Buch schreibt nur für sich selbst. Man denkt dabei immer auch an diejenigen, für die man es tut. Letztlich fällt ja die äußerste Subjektivität immer mit dem Bewusstsein zusammen, dass es sich dabei doch eigentlich um ein Phantom handelt. Je subjektiver man wird, desto mehr begreift man, wie sehr man ein Geschöpf unserer Kultur, unserer Sprache ist. Plötzlich denkst du: Ich bin gar nicht derjenige, der die Wörter wählt, sie wählen mich.

F: Verstehe ich nicht.

A: Vielleicht kommt es daher, dass ich, als ich über die Geschichte der Maschine nachgedacht habe, mit den Toten geredet habe – und dass sie mir die Vorgeschichte unserer Wörter deutlich gemacht haben. Wir glauben, dass wir irgendeinen genialen Gedanken in die Welt setzen, aber bei

Lichte besehen müssten wir eingestehen, dass uns die Vergangenheit dabei souffliert hat.

F: Tut mir leid, aber das verstehe ich immer noch nicht.

A: Ich will bloß darauf hinaus, dass man demütiger wird – und begreift, wie wenig Neues man eigentlich selbst beizutragen hat. Das ist vielleicht die wichtigste Einsicht: dass wir uns von diesem übersteigerten Begriff von uns selbst trennen müssen. Wenn es eine Digitale Renaissance geben wird, so wird sie nicht mit dem Bild eines Einzelnen assoziiert werden.

F: Aber hast du nicht gerade Novalis zitiert?

A: Aber ja. Und ich würde auch sagen, dass die Digitale Renaissance zutiefst mit Fragen der Kunst, der Ethnologie und des Unbewussten zu tun hat. Mit dem Unterschied, dass die Kunst, und nicht der Künstler im Vordergrund steht. Schau dich doch um. Heutzutage ist jeder nur damit beschäftigt, sich als Rampensau in den Vordergrund zu drängen. Aber in dieser Fokussierung aufs Ego bleiben die wichtigen Fragen einfach unberührt. Mehr noch, sie müssen geradezu unberührt bleiben, denn die neue Welt steht im Konflikt mit unserer Ego-Kultur, in der ein jeder sich genötigt fühlt, ein möglichst perfektes Bild abzugeben.

F: Aber wie kann es eine Kunst ohne Künstler geben?

A: Wenn du dich nicht mehr dafür interessierst, was du selbst zu sagen hast, beginnst du zuzuhören. Vielleicht ist das die entscheidende Botschaft: Hör auf! Wenn wir aufhorchen, entdecken wir, um wieviel größer die Welt ist, als unsere Beschränktheit es wahrhaben will. Wenn man seinen Sinnesapparat nur einziges Mal öffnet, kommt es einem ziemlich absurd vor, dass man ein Leben lang Leinwände bemalen oder sich Geschichten ausdenken soll, in denen das Personal des 19. Jahrhunderts sein Unwesen treibt. Man tritt aus dem White Cube, dieser engen Kunstnische heraus – und sieht: die ganze Welt.

F: Die ganze Welt zu einer Spielfläche zu machen – ist es das, was du meinst?

A: Wenn die Zeichen, die wir programmieren, irgendjemanden am anderen Ende der Welt berühren, ist das unser Rahmen. Wenn ein Zeichen ist, was immer sich elektrisieren lässt, dann schreiben wir nicht mehr mit Bildern und Tönen, sondern mit unseren Empfindungen. Und wenn wir unseren Schrieb nicht dazu nutzen, unsere Eintönigkeit zu verbreiten, sondern stattdessen so etwas wie ein globales Netz auswerfen, entdecken wir, welch ungeheure kulturelle Fülle uns umgibt. Und anstatt dieser Fülle den Garaus zu machen, wird man versuchen, sie noch weiter zu kultivieren.

F: Hör ich da so was wie ein Zurück zur Natur?

A: Aber nein! Wenn's nach mir ginge, würde ich die Rationalität, die in unseren Maschinen haust, bis zum Ende ausreizen – aber mit dem Ziel, die hinzugewonnene Zeit zur Bearbeitung von Fragen zu nutzen, die viel komplizierter und vielschichtiger sind als die Gestaltung eines Algorithmus. Tatsächlich bin ich zutiefst davon überzeugt, dass das vermeintlich Überflüssige die Notwendigkeit von morgen ist, dass hier die einzigen Fragen formuliert werden, die es wert sind, dass man sich mit ihnen beschäftigt.

F: Und die wären?

A: Wir würden über Geld, die Liebe, über die Kunst und die Arbeit reden.

F: Und was wäre daran bitte neu?

A: Dass alles, was wir heute noch dafür halten, in Gedanken entsorgt worden ist.

DAS VERSCHWINDEN DES AUTORS

Wenn ich als Schulkind eine gute Note nach Hause brachte, bekam ich, anders als meine Klassenkameraden, die mit Geld entlohnt wurden, von meinem Vater stets eine Postkarte. Mit steter Regelmäßigkeit war darauf ein Renaissance-Porträt zu sehen. Die Botschaft war unmissverständlich: Ein solches Bild bedeutet weit mehr als Geld. Hat mich diese Gabe empfänglich gemacht für die Macht und die Bedeutung der Bilder, ist sie, in einem tieferen Sinn vielleicht, als mir dies bewusst sein mag, auch verantwortlich für den Wunsch, sich einen Namen zu machen, als Autor zum Schöpfer der eigenen Biografie zu werden. Wie jedermann weiß, ist Autorschaft eine radikale Kristallisationsform jenes Individualisierungswunsches, der sich mit der Renaissance aufgetan hat; folglich wird die Macht über das weiße, unbeschriebene Papier mit einem maximalen Freiheitszustand assoziiert. Wenn man in dieser Position den Abgesang des Autors, aber auch des Individuums anstimmt, so ist das kein abstrakter und unverbindlicher Gedanke, sondern etwas, das man als eine Form der Selbstauflösung auffassen kann.

Tatsächlich waren meine ersten Reaktionen auf die sich anbahnende Computerwelt zutiefst gespalten, war mir doch instinktiv bewusst, dass sich hier etwas ankündigte, was mit meiner Vorstellung von Autorschaft konfligierte. Und diese Intuition war, wie ich im Laufe der Jahre habe feststellen können, keineswegs abwegig. Ganz im Gegenteil, ich habe erleben können, dass der Alptraum meiner Kinderzeit Realität geworden ist. Nicht bloß, dass die Aliens und Avatare längst unter uns sind – nein, die

Welt meines Vaters, mit ihren schönen Renaissancepostkarten, ist einfach verschwunden, sie bedeutet nichts mehr als eine schöne, verblassende Kindheitserinnerung. Trotzdem erscheint mir der Untergang des Abendlandes gar nicht schrecklich, sondern eher wie ein Geschenk – ja, eine Befreiung geradezu. Denn das emphatische Selbst, das uns die Renaissance hinterlassen hat, ist schon lange kein Freiheitsversprechen mehr. Es wirkt vielmehr wie ein Käfig, in dem man sich wie Kafkas Hungerkünstler vor den Augen eines überdrüssigen Publikums den ärgsten Kasteiungen aussetzt. In dieser Disziplin eingeschlossen, bleibt nichts mehr als die radikale Absage an die Welt, ein grundsätzlicher Kulturpessimismus, der nur mehr den Niedergang der Schriftkultur, ja den Schwund alles Vertrauten beklagen kann. Dieses Lamento jedoch verkennt die Welt, so wie sie ist – es verkennt vor allem, dass wir in eine *terra incognita* aufbrechen.

Tatsächlich ist, was vor uns liegt, von einer wunderbaren Frühe, einer Poesie, die noch ganz unschuldig ist (anders als das Papier, an dem sich Generationen abgearbeitet haben und das darüber zu einem regelrechten Schuldtitel geworden ist). Nimmt man die digitale Welt in den Blick, so kann man die Begeisterung einer Gründerzeit spüren, die Faszination eines Anfangs, dem sich allüberall neue Fragen und neue Handlungsfelder auftun. Dies ist alles andere als eine jener modischen Erscheinungen, die irgendwann als Hype von gestern abgehakt und ins Register der Peinlichkeiten einsortiert sein werden. Die Faszination ist schlicht und einfach der Entdeckung einer neuen Welt geschuldet, einer Welt, in der unser Denken darüber, was Arbeit, Geld, Bildung, Kunst, Moral, was die Gesellschaft und was wir selbst sind, neu bestimmt und vermessen werden muss. Nüchterner gesagt: Wir erleben, dass unsere Kultur ihr Betriebssystem ausgetauscht hat und genötigt ist, sich komplett neu zu erfinden. Ist damit eine unerhörte Freiheit verbunden, so geht andererseits ein Verlust an gesellschaftlicher Bindung einher. Dieser Preis wird von den Evangelisten des technischen Fortschritts gern übersehen, aber er ist hoch, höher vielleicht, als uns dies jetzt noch bewusst sein mag. Denn die Neuerfindung unserer Kultur, der Übergang ins Zeitalter der Simulation, hat nicht bloß eine technische Seite, sondern betrifft vor allem uns selbst: den Begriff, den wir uns von uns selbst, aber auch von unseren Institutionen machen. In diesem Sinn ist die *terra incognita* nur die andere Seite einer Drohung: dass wir den Boden unter den Füßen verlieren.

Schalte ich heute den Fernseher ein, so habe ich nur mehr das Gefühl, in ein bizarres Heimatmuseum hineingeraten zu sein, in dem die immer gleichen Gesichter uns eine Welt erklären, die es schon längst nicht mehr gibt. Versuche ich das Gehörte mit dem, was mich tagtäglich umgibt, in Verbindung zu bringen, erscheint mir das Programm wie eine kollektive Wahnvorstellung, eine Form der Scheinproduktion, die durch nichts mehr gedeckt ist als durch frei flottierende Größenvorstellungen. Diese Größenvorstellungen freilich – und dies ist die Botschaft, die die Postkarten meines Vaters hinterlassen haben – sind keineswegs nur dem Narzissmus des Einzelnen zuzuschreiben. Stattdessen handelt es sich hier um Gesellschaftsformen, die dem Einzelnen abverlangt werden. Haben die Schreiber des Mittelalters die Heilige Schrift kopiert, so haben wir es heute mit Identitätskopisten zu tun, die die Rollenmodelle eines untergehenden Zeitalters am Leben erhalten. Mag der Soziologe darin keinen besonderen Neuigkeitswert sehen, so ist doch festzustellen, dass die Engführung unseres Individuumbegriffs zu einem ernsten Problem geworden ist. Der Programmierer, der, um die eigene Inkompetenz zu verschleiern, die Arbeit anderer Leute als die eigene ausgibt, stellt für ein Gemeinschaftsprojekt eine Bedrohung dar – ebenso wie der Wissenschaftler, der seine Forschungsergebnisse seinem akademischen Ehrgeiz anpasst, nicht nur seine Kollegen täuscht, sondern die Wissenschaft selbst in Misskredit bringt.

Von daher ist es kein Zufall, dass Projekte heute nicht an einem Mangel an Expertise, sondern vor allem an sozialen Friktionen scheitern. Diese Friktionen aber haben ihren Grund in jenem unhaltbar gewordenen Begriff, den wir uns von uns selbst machen. Der Spezialist, der einsam strahlende Stern, gehört der Vergangenheit an. Genauer: Er müsste der Vergangenheit angehören. Stattdessen aber verraten uns die immergleichen Fernsehgesichter, dass wir uns von allem Erdenklichen leichthin verabschieden können, nur nicht von der Verheißung, die mit dem Bild des Experten verbunden ist.

In einer Welt, die sich der Engführung des Ichs verschrieben hat und Spezialisten hervorbringt, die immer kleinere Segmente der Wirklichkeit bearbeiten, ist die Vorstellung, dass nicht eine weitere Spezialisierung, sondern im Gegenteil: die Generalisierung das Gebot der Stunde ist, ein schwer verdaulicher Gedanke. Tatsächlich erinnere ich mich, dass ich selbst (als sich mir mit der Frage der Maschine die verschiedenen Gedankenfelder auftaten, von der Ökonomie bis zur Theologie) innerlich jedes Mal davor zurückgeschreckt bin – war doch der erste Impuls, dass in Anbetracht all der bereits geschriebenen Bücher mein eigener Beitrag kaum die Höhe des bereits Erreichten widerspiegeln, geschweige denn etwas Neues hinzufügen könne. Folglich war das Eindringen in eine fremde Disziplin mit einem Moment der Scham verknüpft, dem Gefühl, die eigene Kompetenz zu überschreiten. Wenn sich diese Scham im Laufe der Jahre völlig gelegt hat, so deswegen, weil jede dieser Überschreitungen in eine sonderbare Abwesenheit hineingeführt hat. Insistiert man auf den Kinderfragen, entdeckt man, dass überall dort, wo die Fundamente unserer Gesellschaft liegen, ein tiefes, geradezu unheimliches Schweigen waltet. Unvergesslich der Augenblick, da ich, um die Logik der Zentralbank zu verstehen, in einer volkswirtschaftlichen Bibliothek stand und statt der erwarteten Batterie von Büchern nur ein kleines, dünnes Büchlein fand, das ein Grieche in den zwanziger Jahren des 20. Jahrhunderts verfasst hatte und das schon seit langer Zeit (wie der Ausleihstempel verriet) niemand mehr ausgeliehen hatte. Mit jedem Schritt, der mich weiter in diese leeren Räume hinein führte, schwand der Zweifel, verstärkte sich das Gefühl, das zunächst nur eine Ahnung gewesen war: dass sich die Welt erst in diesen Räumen wirklich erschließt. Nie werde ich die Zeilen vergessen, die Rilke in seinem »Malte Laurids Brigge« geschrieben hat: *Ist es möglich, [...],* *dass man noch nichts Wirkliches und Wichtiges gesehen, erkannt und ge-* *sagt hat? Ist es möglich, dass man Jahrtausende Zeit gehabt hat, zu schauen,* *nachzudenken und aufzuzeichnen, und dass man die Jahrtausende hat ver-* *gehen lassen wie eine Schulpause, in der man sein Butterbrot isst und einen* *Apfel?* Wenn Rilke auf diese Frage mit einem »Ja, das ist möglich« geant-wortet hat, so ist dies kein Beleg für eine grundsätzliche Seinsvergessen-heit, sondern dafür, dass in der Zergliederung der Welt, in ihre Zerlegung in immer kleinere Einheiten, der Zusammenhang verloren gegangen ist. So wie wir das Alphabet oder die Null als Naturtatsache voraussetzen, ge-hen wir von einer Naturgesetzlichkeit unserer Nationen und Institutio-nen aus. Aber wenn wir erleben, dass die Bindekraft dieser Einrichtungen schwindet, so kann das Heil nicht darin liegen, dass wir uns die Wieder-herstellung einer untergehenden Welt aufs Panier malen. Sehr viel besser stünde es uns an, einen neuen Zusammenhang zu denken, einen Zusam-menhang, der unserer Lebensweise entspricht. Nun wissen wir instinktiv, dass die Zukunft unserer Gesellschaft in der Kultivierung jenes Projekts liegt, das hier als »Humanprozessor« eingeführt worden ist. Aber trotz-dem zeigt sich hier eine merkwürdige Verzagtheit, eine Ambivalenz, als schreckten wir vor genau diesem Gedanken zurück.

Im Grunde ist all dies schon in der Bedeutung jenes Wortpaares ange-legt, das die Pole unseres Denkens und Handelns beschreibt. Wenn *sym-* *bolon* ursprünglich das Zusammengeworfene meint (also das eigentlich gesellschaftliche, Gemeinschaft stiftende Symbol), so steht das *diabolon* für das Zeichen, das auseinanderfällt und die Gesellschaft spaltet. Den digitalen Zeichen, die ja die Ursache unserer gesellschaftlichen Umwäl-zung sind, wohnt genau diese Doppelnatur inne. Vermögen sie einerseits Zusammenhang zu stiften, so wohnt ihnen dort, wo sie gegen die Gesell-schaft in Stellung gebracht werden, eine diabolische Funktion inne.

DIE KUNST DER ENTEIGNUNG

Ich erinnere mich, dass ich vor vielen Jahren einen kleinen Text von Meister Eckhart gelesen habe, der »Vom Eigenwillen« betitelt war. In diesem Text breitet der mittelalterliche Mystiker eine Lehre aus, die mit jeder Zeile im Widerspruch zu dem steht, was wir für erstrebenswert halten – empfiehlt er doch, dass man sich vom Eigenwillen, oder wie man heute sagen würde: von der Idee der Selbstbestimmung verabschieden möge. Die Argumentation geht wie folgt: Der Mensch, so Meister Eckhart, trage so etwas wie einen Lichtkeim in sich, in dem sich seine göttliche Ebenbildlichkeit spiegele. Diese Substanz habe (wie das Licht) die Tendenz, sich auszudehnen, in einem Maße, dass ein jeder, der sich dieser Kraft überlässt, letztlich zu Gott selbst würde. Dass dies nicht geschieht, hat wiederum mit unserem Eigenwillen zu tun. Mit dem Eigenwillen begibt sich der Mensch in die Knechtschaft seiner Intentionen, fertigt er sich ein Gefängnis, das ihn Gott, aller Schöpfung und damit sich selbst entfremdet. In dieser Betrachtung stellt der Eigenwille nicht nur eine Form des Egoismus, sondern – und das ist das Überraschende – eine Form der äußersten Entfremdung dar. Demzufolge gäbe es keinen Ort, wo man sich fremder wäre, als jenen Bereich, wo man selbstbestimmt und kontrolliert zu agieren versucht.

Mutet uns dieser Text zu, im Selbstverwirklichungsprojekt nicht die Freiheit, sondern eine Form der gesellschaftlichen Fremdbestimmung zu sehen, so hat er dem nichts anderes entgegenzusetzen als: Gelassenheit. Versteht man Gelassenheit nicht als eine Form der Weltentrückung, sondern als Glaubensfreiheit, die Gottesebenbildlichkeit wiederum als die Verheißung der Kreativität, so begreift man, dass man in dem Maße, in dem man sich einer Sache überlässt, das, was in ihr selbst an Sinn verborgen liegt, zum Vorschein kommt. In diesem Sinn erscheint mir Meister Eckharts Predigt noch immer wie ein Befreiungsfanal, eine Erlösung aus jenem Kontrollwahn, der mit unserem Eigenwillen verbunden ist.

Tatsächlich bin ich überzeugt, dass man, um die Subjektivität der heraufdämmernden Digitalen Renaissance begreifen zu können, sich einer solchen Enteignungskur wird unterziehen müssen – und dass die Hauptaufgabe darin bestehen wird, unser durch und durch fetischisiertes Selbst abzulegen. Diese Enteignung freilich unterscheidet sich fundamental von den Umerziehungsmaßnahmen des Kommunismus, dem die bürgerliche Individualität stets ein Gräuel war. Denn das Ziel besteht nicht in der Gleichschaltung, sondern in der Steigerung der individuellen Ausdrucksfähigkeit. Deswegen – und nur deswegen – müssen wir das Zwangskorsett der Individualität hinter uns lassen.

F: Wie kommst du darauf?

A: Ich weiß, dass dies unserer Intuition widerspricht. Wir wollen Kontrolle, und wir wollen, dass es so läuft, wie wir uns das vorstellen, aber gerade deswegen verheddern wir uns und werden zu den Insassen der eigenen Zwangsvorstellungen.

F: Geht es nicht ein bisschen genauer?

A: Der entscheidende Punkt ist, dass wir in Wahrheit gar nicht autonom, sondern mit einem Verstärker agieren.

F: Du sprichst vom Computer?

A: Oder von der Technik, ganz allgemein. Der Philosoph Günther Anders hat unser Verhältnis zur Technik einmal als »prometheische Scham« bezeichnet. Wenn wir einen Computer benutzen, ermächtigt er uns auf unvorstellbare Weise – das ist das Prometheische daran. Andererseits wissen wir, dass dieses Ding, das uns auf unvorstellbare Weise verstärkt, eine Art Zauberkasten ist, dessen Gesetze wir nicht ganz verstehen. Das wiederum bewirkt Scham, die ja, wie Anders präzise erfasst hat, eine höchst widersprüchliche Doppelempfindung ist. Ich weiß: Ich hab's gemacht, aber zugleich will ich's doch nicht gewesen sein. Wie der Schüler, der, bei irgendeiner Untat ertappt, sich auf die Einwirkung höherer Mächte hinausredet, sprechen wir, im Zweifelsfalle, der Maschinenrationalität eine Göttlichkeit zu – aber das wiederum hindert uns nicht im mindesten daran, im gleichen Atemzug von der »blöden Kiste« zu sprechen. Im Übrigen betrifft das nicht bloß die materiellen, sondern auch die symbolischen Maschinen, wie z. B. unser Konzept vom Markt.

F: Und bitte, was hat das mit dem Eigenwillen zu tun?

A: Die Maschine potenziert deinen Eigenwillen – ja, ist gerade so etwas wie seine perfekte Verkörperung. Das steigert die Illusion, dass wir die Sache im Griff haben. Aber damit steigt auch die Fallhöhe: Nichts Blöderes als jemand, der vor einem Computer sitzt, der gerade auf unerklärliche Weise abgeschmiert ist.

F: Du meinst, wir sollten gar keine Computer mehr benutzen?

A: Nein, wir sollten nur aufhören, sie als unser vergrößertes Selbst zu benutzen. Darin liegt ja die Paradoxie. Die Maschine, die unsere Individualität abschafft, dient uns als Prothese, welche uns eine Größe vorspiegelt, die wir gar nicht besitzen. Wir haben, wenn man so will, so etwas wie einen psychologischen Trojaner vor uns. Unser Eigenwille ist das Einfallstor, durch das die Computerlogik in uns eindringt und uns fernzusteuern vermag.

F: Gut, gut. Aber ich verstehe trotzdem nicht, warum man sich, wie du sagst, seinen Eigenwillen abschminken soll. Was sollte ich davon haben?

A: Wenn man aus seinem Ego, diesem viel zu eng geschnittenen Gesellschaftskostüm, heraustritt, begreift man plötzlich, wie idiotisch die Uni-
formierung unseres Denkens ist. Du begreifst, dass du die ganze Zeit in
einer gedanklichen Zwangsjacke gesteckt hast, die vielleicht einmal einen
guten Sinn gehabt hat, jetzt aber nur mehr Repräsentationskosten ver-
ursacht. Diese Zwangsjacke abzulegen, ist ein Augenblick der Befreiung.
Du begegnest der Welt – und zwar nicht so, wie sie in unseren Romanen
oder Kinofilmen ausschaut, sondern als einer großen, offenen Frage. Unsere Welt würde, wenn wir uns von unseren alten Glaubensvorstellungen
befreien, sich wieder zu einer weißen Landkarte zurück verwandeln, zur
terra incognita.

F: Wie meinst du das?

A: Stell dir einfach vor, dass die Institutionen, die uns noch ihr Funktionieren vorspiegeln, über Nacht in sich zusammenfallen. Wäre das ein
Verlust? Nein. Im Gegenteil. Man würde einfach etwas Neues an ihre Stelle setzen. Und in der Gestaltung des Neuen würden all die kleinlichen
Erwägungen, an denen die bisherigen Institute erstickt sind, keine Rolle
mehr spielen. Dabei geht es mir nicht bloß um den Zauber des Anfangs.
Es geht um ein anderes Denken, darum, dass man die Welt als einen Zusammenhang sieht. Aber das geht nur, indem man sich mitteilt, sich mit
anderen austauscht, sich seines Eigenwillens enteignet.

F: Das klingt nach einem kommunistischen Paradies.

A: Wenn du Meister Eckhart als Kommunisten bezeichnen möchtest,
meinetwegen. – Aber ich gebe dir ein konkretes Beispiel, dass und warum das keine abstrakte Lehre, sondern etwas ganz Praktisches ist. Ich
habe vor einiger Zeit ein Seminar mit Architekturstudenten gemacht, das
»Konstruktion des Verbrechens« betitelt war. Da war der Grundgedanke,

dass die Studenten allesamt unter diesem Gestaltungswahn leiden, mit dem auch wir zu kämpfen haben. Und natürlich wird er sie eines Tages dazu bringen, irgendwelche Bausünden in die Welt zu setzen. Also habe ich die Frage einfach umgekehrt. Ich habe ihnen gesagt: Stellt euch vor, dass das, was ihr da in die Welt setzt, ein Verbrechen ist. In diesem Fall werdet ihr nicht sonderlich erpicht darauf sein, euch in Szene zu setzen oder euch eurer Großtat zu brüsten, im Gegenteil: Ihr werdet vorgeben, dass ihr es nicht gewesen seid. Wenn man den Planungsvorgang auf diese Weise verkehrt, passiert etwas Sonderbares. Plötzlich nämlich fragt man nicht mehr danach, was man selbst will, sondern man interessiert sich für den Tatort, die Umstände, die potenziellen Zeugen. Ich schaue nicht mehr durch die Brille meiner Begierden, Ängste oder Zwangsvorstellungen, sondern mit dem Blick der anderen. Diese Verkehrung der Blickrichtung konfrontiert den Planer mit einer Multiperspektivität, die sehr viel komplexer ist als das, was sich ein einzelner Mensch zurechtzulegen vermag. Dieser Zuwachs an Komplexität hat sich wiederum positiv auf die Planung ausgewirkt. Plötzlich entstanden Pläne, die sehr viel reicher und subtiler waren als alles, was sich der Einzelne in seinem Kämmerlein zu erträumen vermag. Mehr noch: Die Pläne waren kurioserweise auch sehr viel subjektiver als das, was man sich normalerweise herausnehmen würde – nur dass diese Subjektivität nicht als Egoismus daherkam, sondern, weil die Perspektive der anderen stets mit bedacht war, geradezu etwas Gemeinschaftsförderndes hatte.

F: Darauf also willst du hinaus: Kommunikation!

A: Ja. Aber kommunizieren kann man nur dort, wo es nicht um die Selbstbehauptung, sondern um ein gemeinsames Anliegen geht.

KRIEGSERKLÄRUNG

Ich sehe zu, wie sich das Papier auflöst, wie es an den Rändern auszuflocken beginnt und sich schließlich zu einer weißlichen Wolke ausdehnt. Jetzt ist da nur mehr das Meer, diese weiße Wolke und das Imbroglio von Stimmen. Und die Ahnung einer Morgenröte, eine künstliche Sonne, die von dem Widerschein des Feuers über mir herrührt. Ich weiß nicht, wie die neue Welt aussehen wird. Ich weiß nur, dass die Dinge, die uns heute beschäftigen, uns bestenfalls als Treibgut, als kulturhistorische Kuriositäten interessieren werden. Wahrscheinlich werden die Bewohner der neuen Welt all die Institutionen, die sie in der Vergangenheit gekannt haben, in neuer Form errichten – aber diese Institutionen werden andere sein, einfach deswegen, weil sie im Geist der neuen Welt errichtet worden sind. So besehen ist die *terra incognita* eine Gnade, befreit sie uns doch von jener drückenden Last, jenen Gespenstern der Vergangenheit, die wie ein Alb auf unseren Schultern hocken, ja, die uns noch in unsere Wachträume hinein verfolgen. Es gibt kein Zurück. Nur die Möglichkeit, uns von der Vergangenheit zu verabschieden, die Vergangenheit einfach vergangen sein lassen.

F: So kannst du nicht aufhören!

A: Warum?

F: Du hast lauter Untergangsszenarien aufgemalt! Wo bleibt das Positive?

A: Aber der Untergang ist, wenn man ihn bewusst erlebt, ein Augenblick der Befreiung. Nicht nur, dass man sich von all dem Gepäck befreit, das bestenfalls einen sentimentalen Wert besitzt, man entscheidet sich vor allem dafür, der Zukunft offenen Auges gegenüberzutreten.

F: Was ist das für eine Zukunft, in der mir die Enteignung und die Kunst der Zerstörung bevorstehen?

A: Eine Welt untergehen zu sehen, heißt auch, dass du auf der anderen Seite eine neue Welt denken kannst. Du siehst, dass die sterbenden Institutionen keine Naturtatsachen sind, sondern überaus wacklige, geradezu anrührend zerbrechliche Gebilde. Das regt die Empfindsamkeit an. Und zum anderen schafft es Raum für die Fantasie.

F: Mag ja sein, dass das deine Fantasie anregt. Andererseits gibt es Leute, die sich darauf verlassen wollen, dass die Institution, in der sie arbeiten, auch morgen noch steht.

A: Du meinst, weil es so etwas wie ein Bedürfnis nach Sicherheit gibt?

F: Ja. Und wenn ich dein Konzept von der Digitalen Renaissance recht verstehe, siehst du da wunderbare Entfaltungsmöglichkeiten für dich selbst, aber für die Gesellschaft siehst du schwarz.

A: Ja, aber nicht, weil es da eine historische Unausweichlichkeit gibt, sondern weil man fürchterliche Angst davor hat, dass sich da etwas zusammenbraut, aus dem wir nicht unversehrt hervorgehen werden. Deshalb weicht man der Frage aus. In diesem Falle aber gilt: Wer sich nicht in Gefahr begibt, kommt in ihr um!

F: Aber wer sagt, dass es so kommt, wie du es prophezeist?

A: Ich prophezeie nichts. Ich halte bloß fest. Tatsächlich habe ich anfänglich nur versucht, die Natur des gesellschaftlichen Wandels zu verstehen. Deshalb der Ausflug in die Geschichte, die Untersuchung der kulturellen Bruchlinien, sei es die Zentralperspektive, die elektrischen Mönche oder die Boolesche Formel. Hier spätestens jedoch stellt sich die Frage, wie es möglich ist, dass die Formel, die die Logik der Simulation beschreibt wie nichts sonst, eine Unbekannte geblieben ist.

F: Vielleicht, weil sie doch nicht so wichtig ist wie du behauptest.

A: Aber das ist doch Unsinn! Jeden Tag reden wir über die Folgen, über die Probleme des Urheberrechts, des Geldes oder wie eine Software skaliert. Nein, mich hat immer in Erstaunen gesetzt, wie dunkel vieles in unserer Gesellschaft eigentlich ist. Dass man mit einer Null rechnen kann, ohne zu wissen, woher sie kommt. Dass eine ökonomische Theorie davon ausgehen kann, dass Geld vom Himmel fällt. So besehen habe ich die Gesellschaftsmaschine als ein großes Unbewusstes aufgefasst.

F: Aber das genau meine ich. Das klingt einfach nur gruselig.

A: Meinst du? Ich persönlich wache erst dann überhaupt auf.

F: Aber es geht nicht um dich, das hast du doch selbst gesagt!

A: Ja, das stimmt. Was die Gesellschaft anbelangt, so bewirkt dieses Unbewusste, dass unsere Tagträume und unsere Realität miteinander verschmelzen. Das hat eine beruhigende Wirkung. Man muss nicht mehr darüber nachdenken, was es mit dem Geld auf sich hat, man rechnet einfach damit, und das war's. Was wir Alltagsvernunft nennen, ist so besehen immer auch ein Schlaf der Vernunft. Ich weiß gar nicht, ob man denunzieren sollte, so wie Adorno, der das Verblendungszusammenhang genannt hat. Vielleicht ist es auch eine unerlässliche Normalität, würde man sich doch sonst am Geld die Zähne ausbeißen. In einer historischen Übergangssituation wie der unsrigen, wo es ans Eingemachte geht, wirkt dieser Verblendungszusammenhang fatal. Dort, wo das Alte nicht mehr funktioniert und das Neue sich noch nicht abzeichnet – da musst du geistesgegenwärtig sein. Und springen!

F: Und du glaubst, das wird passieren?

A: Ehrlich gesagt, nein. Und wenn sich in den Köpfen der Leute nichts ändert, bewegen wir uns in eine wirkliche Dunkelzone hinein.

F: Mach's mal konkret. Nicht dieses ewige Einerseits, Andererseits. Wenn du davon sprichst, dass uns die Arbeit ausgehen wird, dass wir in einer »Aufmerksamkeitsökonomie« leben – wie wird das konkret aussehen? Läuft das auf das Grundeinkommen hinaus?

A: In gewisser Hinsicht ist das Grundeinkommen nur eine Notlösung, werden hier doch die Konsumenten fürs Konsumieren bezahlt. Letztlich ist das eine Maßnahme, mit der wir uns noch eine Zeit lang blind dafür stellen können, dass unser Produktionsfetischismus an ein Ende gekommen ist.

F: Also bist du dagegen?

A: Nein. Ich glaube bloß nicht, dass diese lebensverlängernden Maßnahmen die darunterliegende Problematik lösen werden. Stattdessen müssen wir unsere grundlegenden Vorstellungen überdenken. Stell dir einmal vor, unsere Geldwirtschaft hätte sich erledigt und die Dinge um uns herum hätten kein Preisschild mehr – was würde uns dann noch als Anhaltspunkt dienen?

F: Du meinst, dass wir auf eine postmonetäre Ökonomie zusteuern?

A: Von Nietzsche gibt es diesen kleinen, hinterhältigen Satz: *Niemand wollte sie geschenkt, also musste sie sich verkaufen.* Mit diesem Satz beschreibt er den Übergang von der alten Geschenkökonomie zum Kapitalismus, zu jenem Zustand also, in dem die Produkte herrenlos sind und sich auf dem freien Markt anpreisen müssen. Ganz offenkundig ist das vorbei. Auf eine merkwürdige Weise verschmelzen Produkte und Urheber wieder, entdecken wir, dass wir nicht irgendwelche Verbrauchsgüter, sondern uns selbst produzieren, und damit: unsere Gesellschaft. Die Soziale Plastik – das ist die Hauptaufgabe der kommenden Zeit. Wie können wir aus dem Dämon einen Gesetzgeber machen? Vor gut zweihundert Jahren hat sich Charles Fourier (auf den im Übrigen das Grundeinkommen zurückgeht) der Frage angenommen, was passieren würde, wenn die Gesellschaft das Geld abschafft. Seine Antwort war so simpel wie fantastisch: Wenn wir aufhören, uns mit der Produktion von Ersatzbefriedigungen zu beschäftigen, die doch nur Schattengebilde unserer eigentlichen Bedürfnisse sind, würden wir endlich beginnen, unsere Neigungen auszuleben. Für ihn war das ganz konkret, ja körperlich: Leidenschaften werden mit Leidenschaften beglichen, Männer mit Frauen, Frauen mit Männern bezahlt. Wenn man Fourier zu lesen beginnt, ergeht es einem wie einem seiner ersten Kritiker: Man weiß nicht, ob der Verfasser oder man selbst verrückt ist.

F: Das ist die Zukunft?

A: Das wäre ein Anfang. Andererseits –

F: Jetzt fängst du doch wieder damit an.

A: Ja, aber dieses Andererseits ist nicht dem Umstand geschuldet, dass ich Angst vor der Zukunft habe. Nein, wenn ich vor etwas Angst habe, so vor dieser Vergangenheit, die nicht aufhören will.

F: Aber wieso?

A: Das ist vielleicht eine Frage des Alters, der zunehmenden Skepsis. Jedenfalls scheint mir, wenn ich mir die unmittelbare Zukunft vorzustellen versuche, die Dystopie näher als die wunderbare Utopie.

F: Weil die Technik voranschreitet, wir aber nicht?

A: Erinnerst du dich noch an den Slogan, der vor ein paar Jahren die Runde gemacht hat: »Stell dir vor, es ist Krieg, aber keiner geht hin!« Auf eine merkwürdige Weise erscheint mir das wie eine perfekte Beschreibung unserer Gegenwart. Ein Krieg, der nicht erklärt worden ist und keine Beteiligten kennt, der aber trotzdem stattfindet. Nicht öffentlich, sondern unsichtbar, dort, wo unser Denken seine blinden Flecke hat. Halten wir uns nur an die Resultate, so müssen wir sagen, dass die digitale Revolution, die uns so großartige Mittel in die Hand gegeben hat, bislang nicht dazu geführt hat, dass sich die Gesellschaft verjüngt und erneuert, sondern im Gegenteil: dass sie eine weitere gesellschaftliche Zergliederung bewirkt hat. Wir haben das *symbolon* in den Händen, aber es wirkt als *diabolon*.

F: Das ist der Grund für dein Andererseits?

A: Ja, ich glaube, dass wir so etwas wie eine Kriegserklärung brauchen, damit das, was sonst unweigerlich stattfindet, nicht stattfinden wird.

DAS DIGITALE MANIFEST

1. DIGITALE RENAISSANCE. Mit der digitalen Revolution erleben wir eine Transformation, die so tief ist wie der Zeitriss, der die Neuzeit vom Mittelalter getrennt hat. Das Grundgesetz des neuen Geisteskontinents ist bekannt, es lautet $x = x^n$. Vor dieser Formel müssen die künftigen Ideen, Institutionen und Plastiken bestehen.

2. STAAT. Der Nationalstaat ist Geschichte. Weil schon jetzt das Internet den politischen Handlungsraum definiert, gilt es, die nationalstaatlichen Exzesse einzuhegen und jene Institutionen zu befördern, die dem Rahmen des Weltbürgers entsprechen. Sind wir jetzt noch von Repräsentationsvorstellungen besessen, muss man im Jenseits der Ideologien die Politik der Simulation als größtmögliche Aufgabe denken!

3. GELD. Geld ist zum leeren Zeichen geworden. Wenn die versammelte Kopflosigkeit (= die Märkte) nichts als Schein produziert, so kann die Konsequenz nur in der Abschaffung jenes Finanzsystems bestehen, das es Einzelnen erlaubt, ganze Volkswirtschaften in Geiselhaft zu nehmen. Das Recht der Geldemission darf nicht mehr Staaten oder Banken vorbehalten sein, es muss an diejenigen gehen, die mit ihrer Aufmerksamkeit und mit ihren Bedürfnissen für den Wert des Geldes einstehen: an uns alle. Die beunruhigende Frage: Wie werden wir, wenn wir nicht mehr der Metaphysik des Geldes Glauben schenken können, den eigenen Wert und den Wert der Dinge ermitteln können?

4. ARBEIT. Was wir für Arbeit halten, wird im Museum der Arbeit verschwinden. Dinge hingegen, die wir als Spielerei oder Orchideenliebhaberei erachten, werden den Mehrwert der Zukunft darstellen. Unser Arbeitsethos wird der Kultivierung des Überflusses gelten. Da wir uns selbst produzieren, stellt die Vervollkommnung der Sozialen Plastik das Ziel unserer Bemühungen dar. Arbeit wird das Medium sein, in dem wir unsere Verwandlung vorantreiben und uns zugleich dabei zuschauen können.

5. ÖKONOMIE. Am Ende der Produkte angelangt, werden wir selbst zur Währung. Wenn unsere Aufgabe darin besteht, die Güte dieser Währung aufrecht zu erhalten, so heißt dies in einer beweglichen Welt: sich immer wieder neu erfinden zu müssen. Die Logik des Upgrades aber basiert darauf, dass man das Scheitern erlernt. Dies ist das Wesen der Digitalisierung: Zerstörung, mit dem Ziel, das Objekt in umso grandioserer Form wiederauferstehen zu lassen.

6. ICH. Das Individuum, das mit seiner Unterschrift eine lebenslange Verpflichtung eingeht, ist passé. Wenn unser Sein im Austausch besteht, sind wir Dividuen, Schauspielern vergleichbar, die auf der Suche nach immer neuen Rollen und Herausforderungen sind. Ein solcher Rollenwechsel erfordert nicht mehr den Funktionär, sondern den ganzen Menschen.

7. KUNST. Es wird keine Künstler mehr geben, nur mehr die Kunst. Begreifen wir die Gesellschaft als Kunstwerk, geben wir ihr den Sinn für das Utopische, für ihre Möglichkeiten zurück.

8. MORAL. Unsere Individualmoral hat sich überlebt, sie wird (wie die Religion) zur Privatsache. Die Moral der Ge- und Verbote muss sich zum Weltverständnis verwandeln. Da wir in Fernbeziehungen leben und der Tastendruck unseres Fingers einen Menschen am anderen Ende der Welt in Mitleidenschaft ziehen kann, ist auch die Ferne ein Modus der Nähe.

Die Maxime: dass man sich löst von den Überlegenheitsvorstellungen der eigenen Religion und Kultur, dass die Nächstenliebe mit der Fernstenliebe verschmilzt.

9. BILDUNG. Unsere Schulen und Universitäten sind so überflüssig wie die Kopisten zu Zeiten des Buchdrucks. Die Bildung der Zukunft wird darauf beruhen, dass man nicht auswendig, sondern inwendig lernt. Wissensakkumulation wird durch Neugierde, unveränderliche Wahrheiten werden durch Gedankenspiele ersetzt. Ein Gedanke, der den Denkenden ausgrenzt oder zu eliminieren versucht, ist per se wertlos. Auch die Naturwissenschaft (unsere Außenwelt) muss inwendig werden (Geisteswissenschaft).

10. DER MENSCH. Dürfen wir unser Leben dem Programm der Maschine unterwerfen? Nur wenn wir uns von der Sucht nach Kontrolle befreien und aufhören, Institutionen, Formeln und Maschinen zu fetischisieren, werden wir uns selbst finden können. Dieses Selbst ist kein Besitz, sondern die Fähigkeit, mit anderen Menschen in Kommunikation zu treten. Nur in dem Maße, in dem wir unser Fetisch-Selbst auflösen, wird das Menschenbild der Zukunft in unsere Wahrnehmung eintreten.

MIX
Papier aus verantwor-
tungsvollen Quellen
FSC® C006701

1. Auflage 2014
ISBN 978-3-8493-0330-3

© Metrolit Verlag GmbH & Co. KG, Berlin 2014
Covergestaltung: studio grau, Berlin
Innengestaltung: Katrin Jacobsen, Berlin
Satz: Greiner & Reichel, Köln
Gesetzt aus der Minion und Gotham Rounded
Druck und Bindung: CPI – Ebner & Spiegel, Ulm

www.metrolit.de
http://digitale-renaissance.de/